《国学经典藏书》丛书编委会

顾　问
　　许嘉璐

主　编
　　陈　虎

编委会成员

陆天华	李先耕	骈宇骞	曹书杰	郝润华	潘守皎
刘冬颖	李忠良	许　琰	赵晨昕	杜　羽	李勤合
金久红	原　昊	宋　娟	郑红翠	赵　薇	杨　栋
李如冰	王兴芬	李春燕	王红娟	王守青	房　伟
孙永娟	米晓燕	张　弓	赵玉敏	高　方	陈树千
邱　锋	周晶晶	何　洋	李振峰	薛冬梅	黄　益
何　昆	李　宝	付振华	刘　娜	张　婷	王东峰
余　康	安　静	刘晓萱	邵颖涛	张　安	朱　添
杨　刚	卜音安子				

国学经典藏书

格言联璧

杜 羽 译注

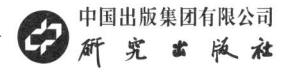

中国出版集团有限公司

研究出版社

图书在版编目（CIP）数据

格言联璧 / 杜羽译注. -- 北京: 研究出版社, 2024.1

（国学经典藏书）

ISBN 978-7-5199-1485-1

Ⅰ.①格… Ⅱ.①杜… Ⅲ.①格言—汇编—中国—古代②《格言联璧》—译文③《格言联璧》—注释 Ⅳ.①H136.33

中国国家版本馆 CIP 数据核字（2023）第 088788 号

出 品 人：赵卜慧
出版统筹：丁　波
责任编辑：谭晓龙

国学经典藏书：格言联璧
GUOXUE JINGDIAN CANGSHU：GEYAN LIANBI
杜　羽　译注

研究出版社 出版发行

（100006　北京市东城区灯市口大街 100 号华腾商务楼）
河北松源印刷有限公司　新华书店经销
2024 年 1 月第 1 版　2024 年 1 月第 1 次印刷
开本：880毫米 × 1230毫米　1/32　印张：8.5
字数：176 千字
ISBN 978-7-5199-1485-1　定价：32.00 元
电话：（010）64217619　64217652（发行部）

版权所有·侵权必究
凡购买本社图书，如有印制质量问题，我社负责调换。

编者的话

经典是人类知识体系的根基,是人类的精神家园,是我们走向未来的起点。莎士比亚说过:"生活里没有书籍,就好像没有阳光;智慧里没有书籍,就好像鸟儿没有翅膀。"21世纪中国国民的阅读生活中最迫切的事情是什么?我们的回答是阅读经典!

中国有数千年一脉相传、光辉灿烂的文化,并长期处于世界文化发展的前列,尤其是在近代以前,曾长期引领亚洲乃至世界文化的发展方向。长期超稳定的社会发展形态和以小农生产为基础的、悠闲的宗法农业社会,塑造了中华民族注重实际、过分地偏重经验、重视历史的文化心理特征。从殷商时代的"古训是式"(《诗经·大雅·烝民》),到孔子的"述而不作,信而好古"(《论语·述而》),可以清楚地看出这种文化心理不断强化的轨迹。于是,历史就被赋予了神圣的光环,它既是人们获得知识的源泉,也是人们价值标准的出处。它不再是僵死的、过去的东西,而是生动活泼、富有生命力,并对现世仍有巨大指导作用的事实。因而就形成了这样一种固定的文化思维方式,也就是"以铜为鉴,可正衣冠;以古为鉴,可知兴替;以人为鉴,可明得失"(《新唐书·魏徵传》)。中国的文化人世代相承,均从历史中寻求真理,寻求"修身、齐家、治国、平天下"的崇高理想模式。

这种对于历史所怀有的深沉强烈的认同感,正是历史典籍赖以发展、繁荣的文化心理基础。历史上最初给历史典籍的研究和整理工作涂上政治、道德和伦理色彩的是春秋时期的孔子。当时的孔子因感"周室微而礼乐废、《诗》《书》缺",于是删订了《诗》《书》《礼》《乐》《易》《春秋》等"六经"(见《史记·孔子世家》),寄托了自己在政治上"复礼"和道德上"归仁"的最高理想。孔子以后,历史典籍的编撰无不遵循着这一最高原则。所以《隋书·经籍志》总序中就说:"夫经籍也者,机神之妙旨,圣哲之能事。所以经天地,纬阴阳,正纲纪,弘道德,显仁足以利物,藏用足以独善……其王者之所以树风声,流显号,美教化,移风俗,何莫由乎斯道?……其教有适,其用无穷,实仁义之陶钧,诚道德之橐籥也。……夫仁义礼智,所以治国也;方技数术,所以治身也。诸子为经籍之鼓吹,文章乃政化之黼黻,皆为治国之具也。"(《隋书·经籍志一》)由此可见,历史典籍的编撰整理工作,已不仅仅是文化技术问题,更重要的是它还负有"正纲纪,弘道德"的政治和道德使命。于是,在两千多年的历史发展过程中,先人们为我们留下了汗牛充栋的文化典籍。这些宝贵的精神财富,不仅是我们中华民族的骄傲,也是全人类的骄傲,并已成为世界文化宝藏的重要组成部分。

中国的先哲们一向对古代典籍充满崇敬之情,他们认为,先王之道、历史经验、人伦道德以及治国安邦之术、读书治学之法等等,都蕴藏于典籍之中。文献典籍是先王之道、历史经验、人伦道德等赖以传递后世的重要手段。离开书籍,后人将无法从前朝吸取历史经验,无法传承先王之道。在日新月异的当代,如何对待这份优秀的文化遗产?毛泽东同志早就指出:"中国的长期封建社会中,创造了灿烂的古代文化。清理古代文化的发展过程,剔除其封建性的糟粕,吸取其民主性的精华,是发展民族新文化、提高民族自信心的必要条件。……中国现时的新文化也是从古代的旧文化发展而来,因此,我们必须尊重自己的历史,决不能割断历史。但是,这种尊重是给历史以一定的科学地位,是尊重历史的辩证法的发展,而不是颂古非今。"(毛泽东《新民主主义论》)古代典籍,不仅对中华民族的形成与发展历史地发挥了巨大的凝聚力作用,而且在当今中华民族伟大复兴中,依然会发挥无可替代的重要作用。

在科学技术迅猛发展的当代社会,人们的生活、观念正在发生着巨大而深刻的变革,面对蓬勃发展的现代科技和汹涌而至的各种思潮,人们依然能深切地感受到中国传统文化无所不在的巨大力量。人们渴望了解这种无形的力量源泉,于是绚丽多姿的中华典籍就成了人们首要的选择。它能够使我们在精神上成为坚强、忠诚和有理智的人,成为能够真正爱人类、尊重人类劳动、衷心地欣赏人类的伟大劳动所产生的美好果实的人。所以,在今天,我们要阅读经典;当数字化、网络化带来的"信息爆炸"占领人们的头脑、占用人们的时间时,我们要阅读经典;当中华民族迈向和平崛起和民族复兴的伟大征程时,我们更要阅读经典。因此,读经典,这个我们习以为常的平凡过程,实际上就成了人的心灵和上下古今一切民族的伟大智慧相结合的过程。但由于时代的变迁,这些经典对现代人来说已是谜一样的存在。为继承这份优秀的文化遗产,帮助人们更好地利用这些经典,在全国学术界诸多专家学者的支持下,我们策划了这套"国学经典藏书"丛书。

丛书以弘扬传统、推陈出新、汇聚英华为宗旨,以具有中等以上文化程度的广大读者为对象,从我国古代经、史、子、集四个部类的典籍中精选50种,以全注全译或节选的形式结集出版。在书目的选择上,重点选取我国古代哲学、历史、地理、文学、科技、教育、生活等领域历经岁月洗礼、汇聚人类最重要的精神创造和知识积累的不朽之作。既注重选取历史上脍炙人口、深入人心的经典名著,又注重其适应现代社会的人文价值趋向。丛书不仅精校原文,而且从前言、题解,到注释、译文,均在吸收历代学者研究成果的基础上精心编撰。在注重学术性标准的基础上,尽量做到通俗易懂。我们相信,本丛书的出版,对提高人们的古代典籍认知水平,阅读和利用中华传统经典,传播中华优秀文化,提高人们的民族自信心和文化自豪感,进而为中华民族伟大复兴做贡献,均将起到应有的作用。高尔基说:"书籍是人类进步的阶梯。""要热爱读书,它会使你的生活轻松,它会友爱地帮助你了解纷繁复杂的思想、感情和事件;它会教导你尊重别人和你自己;它以热爱世界、热爱人类的情感,来鼓舞智慧和心灵。""当书本给我讲到闻所未闻、见所未见的人物、感情、思想和态度时,似乎是每一本书都在我面前打开一扇窗户,并让我看到一个不可思议的新世界。"(《高尔基论青年》,中国青年出版社1956年版)。流传千年的文化经典,让我们受益匪浅,使我们懂得更多。正如德国著名作家歌德所说:"读一本好书,就是和一位品德高尚的人谈话。"的确,读一本好书,就像是结交了一位良师益友。我们真诚希望,这套经典丛书能够真正进入您的生活,成为人人应读、必读和常读的名著。

陈　虎

庚子岁孟秋

前　言

　　《格言联璧》是清人金缨纂辑的一部格言合集。

　　金缨，山阴(今浙江绍兴)人，传世文献关于他的记载很少，我们只能从他为《格言联璧》撰写的简短序言中对他的生平了解一二。他在这篇序言中交代，《格言联璧》成书于《几希录续》之后，他写道"道光丙午岁敬承先志辑《几希录续》"，"道光丙午"为道光二十六年，即公元1846年，而这篇序言的落款时间是咸丰元年，"咸丰元年"为公元1851年，两个时间相隔不过5年。既然1846年时金缨已经有能力继承父亲的遗志而编写《几希录续》，应该已是学有所成的成年人了。根据这有限的线索，我们只能粗略地认为金缨是生活在清代道光、咸丰年间的人。今有《几希录》一书传世，作者署名为"瑞五堂主人"，连姓氏也没有留下。不过，此书刊刻的时间为道光元年(1821)，与金缨父亲在世的时间大体吻合，但并没有确凿的证据证明"瑞五堂主人"就是金缨的父亲。序言中还提及《几希录续》"刻工竣后"云云，看来《几希录续》曾经刻板印行，但今未见流传。

　　关于这部书，金缨在序言中说："遍阅先哲语录，遇有警世名言，辄手录之，积久成帙，编为十类，曰《觉觉录》。惟卷帙繁多,工资艰巨,未能遽付梓人。因将《录》内整句先行刊布,名《格言联璧》。"可知《格言联璧》是《觉觉录》的"缩编本"或曰"精选本",今未见《觉觉录》传世,或许未曾付梓,但《格言联璧》却一版再版,流传甚广。

《格言联璧》共分为十篇,分别是《学问》《存养》《持躬》《敦品》《处事》《接物》《齐家》《从政》《惠吉》《悖凶》,另有一篇《摄生》附于《持躬》篇之后,与《觉觉录》的"编为十类"大致相符。其编排应该是以"修身、齐家、治国"为序的,其中前六篇《学问》《存养》《持躬》《敦品》《处事》《接物》围绕"修身"而展开,《齐家》篇、《从政》篇分别对应"齐家"和"治国",最后的《惠吉》《悖凶》两篇则从"趋吉""避凶"两个相对的角度对全书内容加以归纳。虽然《格言联璧》属于辑录之书,而非作者原创,但无论从格言内容的选取,还是全书目次的安排,都体现出编纂者强烈的思想倾向,其中所传递的诸多信息,可以让我们加深对作者的认识。

《格言联璧》所收录的格言来源比较庞杂,但多数符合程朱以来儒家学者的观点,展现出一个熟读四书五经的儒生的世界观、人生观、价值观,这也是明清很多读书人的共同认知。作为儒者,他们认为"六经以外别无奇书"(《学问》)。主张行善积德、勤俭寡欲,对于佛道、鬼神态度是"塑像栖神,盍归奉亲;造院居僧,盍往救贫"(《惠吉》),"能改过,则天地不怒;能安分,则鬼神无权"(《持躬》),把个人的崇德向善视作一种足以对抗命运、对抗鬼神的无比强大的精神力量。此外,书中所选"惟有主,则天地万物自我而立;必无私,斯上下四旁咸得其平"(《从政》)是明代学者张元冲的座右铭,此句见于《明儒学案》,而张元冲又是绍兴人,似乎也可视为金缨对乡贤的崇敬之情。

所谓"学而优则仕",很多人读书是为了通过科举走向仕途,本书收入科举相关的格言只有寥寥几条,但可以看出编纂者对于科举的态度,比如"科第本消退之根;而人以为长进之根"(《悖凶》),又如"出一个大伤元气进士,不如出一个能积阴德平民"(《接物》),认为科考应试对读书人的身体、学问都有负面作用,可以想见,金缨或许经历过科场不得志,而于史传无名,可能与他没做过官有关系。

如果金缨未曾做官,那么他以何为生呢?也许是教书。《学问》:"诸君到此何为,岂徒学问文章,擅一艺微长,便算读书种子。"这是老师对学生的教导。《悖凶》:"谋馆如鼠,得馆如虎,鄙主人而薄弟子者,塾师之无耻也。"这是对无德的私塾先生的批评。如果金缨是一位私塾先生,前者一定是他常对学生讲的话,后者一定是他日常习见的一类同行。

因为文献不足,我们只能通过《格言联璧》中的格言对金缨做一个简要的"画像":一位饱读经典、笃行儒道、科场失意的私塾先生。当然,这个画像不是出自金缨本人的叙述,而是来自他所选取的格言,也许并不准确。但这个画像也具备一定的可信度,因为《格言联璧》选取的格言具有很强的倾向性,甚至可以说具有一定的个性,有些格言也许就是出自金缨的自撰。比如

"篹辑先哲格言,刊刻广布,行见化行一时,泽流后世"(《惠吉》),简直就是金缨篹辑《格言联璧》的夫子自道,"座右遍书名论格言,其志趣可想"(《持躬》)、"玩古训以警心"(《摄生》)也都是借格言道出了自己编篹此书的心声。

《格言联璧》所收录的格言来源比较广泛,既有来自先秦至明清各种典籍的,也有日常生活中张贴于门庭的对联,像"古今来许多世家无非积德;天地间第一人品还是读书"就是许多江南人家常用的对联,只是文字稍有差异。有些格言文辞极为浅近,也许就是来自口口相传,编者以为有助于世道人心,就将其编入书中。有些格言可能为编者自拟,前面已经有所提及。这些格言从整体上看,今天仍然具有重要的教育意义,大多可以作为读书求学、为人处世的准则。但对待传统文化,我们要注意区分精华与糟粕,取其精华、去其糟粕,比如"阿谀取容,男子耻为妾妇之道"(《接物》),批评对外貌的过分修饰固然是可取的,但将之称为"妾妇之道"显然具有时代的局限,今天来看已经不合时宜了。又如,书中多次出现"妻子"一词,应当释为"妻与子",即妻子与儿子,本书将其译作"妻子与儿女"以期在尊重原文主旨的前提下,使其更符合今天的社会观念。

此次整理以《丛书集成续编》所收清光绪二十三年(1897)仪征吴氏有福读书堂刻本为底本,并参校众本。《格言联璧》虽然大多文辞浅近,但有些当时人的俗语、缩略语,有些出自宋明诸儒著作的词语,对于当代人来说还是比较陌生的,在注释、今译的过程中本书尽力用精简的文字予以解释说明。有些格言、词语虽然出自经典,但意义显豁,为了方便读者阅读,就没有再注明出处、解释背景。因笔者学力有限,标点、注释、今译等方面一定还存在很多问题,敬请方家指正。

杜 羽

2022 年 1 月

目　录

序 ………………………………………………… 1
学问 ……………………………………………… 3
存养 …………………………………………… 25
持躬 …………………………………………… 45
　摄生（附） ………………………………… 95
敦品 ………………………………………… 104
处事 ………………………………………… 114
接物 ………………………………………… 127
齐家 ………………………………………… 165
从政 ………………………………………… 179
惠吉 ………………………………………… 202
悖凶 ………………………………………… 232

序

余自道光丙午岁敬承先志辑《几希录续》①,刻工竣后,遍阅先哲语录,遇有警世名言,辄手录之,积久成帙,编为十类,曰《觉觉录》。惟卷帙繁多,工资艰巨②,未能遽付梓人③。因将《录》内整句先行刊布,名《格言联璧》,以公同好。至全录之刻,姑俟异日云④。

咸丰元年仲夏山阴金缨兰生氏谨识⑤
光绪丁酉冬日仪征吴氏有福读书堂重刊⑥

〔注释〕

①道光丙午岁:清道光二十六年,即公元1846年。

②工:工程。资:费用。

③遽:立即。梓人:梓木可用来雕版。梓人即指刻工。

④俟(sì):等待。

⑤咸丰元年:即公元1851年。山阴:地名,今浙江绍兴。

⑥光绪丁酉:清光绪二十三年,即公元1897年。

〔译文〕

　　我从道光丙午年秉承父亲的心愿辑纂了《几希录续》,刻板完成后,大量阅览先贤哲人的语录,遇到警世名言,就将其抄录下来,积累的时间长了,有了一定规模,将其分为十类,称之为《觉觉录》。只是这部书卷帙繁多,刻印工程艰难,所需费用巨大,没有能够立即交付刻印。于是将书内整齐的格言先行刻板印行,将其命名为《格言联璧》,以与志趣相投的人分享。至于《觉觉录》全书的刻印,姑且等待他日吧。

学　问

〔题解〕

　　《学问》一篇,冠于全书之首,"天地间第一人品还是读书"一联,又冠于首篇之首,鲜明体现了编者对读书治学的重视。本篇所汇集的格言涉及读书方法、态度、目的等诸多方面。关于阅读学习的对象,首要的是以四书五经为代表的儒家经典;关于读书的方法,"贵疑""戒久读""案上不可多书""观书不徒为章句"等都是经验之谈,而非空洞的说教;关于读书的目的,在增广见识,通晓事理之外,更强调通过读书修身养性、学习圣贤之道,并把这些知识、道理在实践中加以应用,也就是通常所说的"修身、齐家、治国、平天下"。可以看出,编者虽然强调学以致用,认可"舍事功更无学问",但并不主张"书中自有黄金屋"之类庸俗的读书观。

　　古今来许多世家无非积德[①];天地间第一人品还是读书。

〔注释〕

①世家:累世仕宦的家族。

〔译文〕

古往今来有许多累世仕宦的家族,凭借的无非是世代积累的善行;天地之间最优秀的品质,是依靠读书养成的。

读书即未成名,究竟人高品雅;修德不期获报①,自然梦稳心安。

〔注释〕

①期:期望。

〔译文〕

用心读书,即使没有知名于世,毕竟让人的品质高洁雅正;修养德行,不期望获得回报,当然睡得安稳、心态平静。

为善最乐;读书便佳。

〔译文〕

做善事是最快乐的事;读书就是最好的事。

诸君到此何为,岂徒学问文章①,擅一艺微长②,便算读书种子③;在我所求亦恕④,不过子臣弟友,尽五伦本分⑤,共成名教中人⑥。

〔注释〕

①岂:难道。徒:仅是。

②一艺:古有"六艺"之说,礼、乐、射、御、书、数称"六艺",儒家的六经《礼》《乐》《书》《诗》《易》《春秋》也称"六艺"。这里的"一艺",指六经中的一种。

③读书种子:指能承先启后的读书人。

④亦:只是。恕:儒家的一种伦理主张,强调推己及人,对人宽容。

⑤五伦:也称"五常",指君臣、父子、兄弟、夫妻、朋友这五种伦理关系。

⑥名教:以儒家所定的名分和儒家的教训为准则的道德观念,也即传统礼教。

〔译文〕

各位到这里来是为了什么呢?难道只是学会做学问、写文章,擅长一种经典就称得上读书种子了?我所追求的只是对人宽容,不过是做好儿子、臣下、弟弟、朋友,尽到符合五伦的义务,成为礼教秩序中的一员。

聪明用于正路,愈聪明愈好,而文学功名益成其美①；聪明用于邪路，愈聪明愈谬，而文学功名适济其奸②。

〔注释〕

①文学:文章和学问。益,增加。
②适:正好。济:增加。

〔译文〕

把聪明用在正确的地方,越聪明越好,而且文章、学问、功业、名声会更加成就他的美好;把聪明用在错误的地方,越聪明越错,而且文章、学问、功业、名声恰恰会助长他的奸邪。

战虽有阵,而勇为本；丧虽有礼,而哀为本；士虽有学①,而行为本。

〔注释〕

①士:读书人。

〔译文〕

作战虽然有阵法,但勇气是最根本的;办丧事虽然有礼仪,但内心的悲伤是最根本的;读书人虽然有学问,但德行是最根本的。

飘风不可以调宫商①；巧妇不可以主中馈②；文章之

士不可以治国家。

〔注释〕

①飘风:狂风。宫商:中国传统音乐有五音,即宫、商、角、徵、羽。这里用"宫商"代指音乐。
②巧妇:偷巧的妇人。中馈:家中的饮食之事。

〔译文〕

在狂风中不能演奏和谐的乐曲;偷巧的妇人不能主持好家中的膳食;只会舞弄文辞的人不能治理好国家。

经济出自学问①,经济方有本原;心性见之事功②,心性方为圆满。

〔注释〕

①经济:经世济民。
②心性:宋明理学的重要范畴,是"心"与"性"及其关系,这里指修心养性。事功:事业和功绩。

〔译文〕

经世济民的能力只有出自学问,这种能力才有根源;修身养性的成果只有体现在功业上,这个成果才算圆满。

舍事功更无学问;求性道不外文章。

〔译文〕

不追求功业的学问,就谈不上学问;探求修养心性的道理,只有凭借圣贤的著述。

何谓至行①?曰庸行②。何谓大人③?曰小心。何以上达④?曰下学⑤。何以远到⑥?曰近思⑦。

〔注释〕

①至:最好的。
②庸:平常的。
③大:指德行高尚。
④上达:修养心性,通达于仁义。
⑤下学:学习基本的人情事理。
⑥远到:深远周密。
⑦近思:思考切近自己的事。

〔译文〕

什么是最好的品行?就是注重日常的行为。什么是德行高尚的人?就是谨慎小心的人。怎么可以通达于仁义?学习基本的人情事理就可以。怎么可以达到深远周密的境界?清楚思考自己身边常见的事就可以。

竭忠尽孝,谓之人;治国经邦,谓之学;安危定变,谓之才;经天纬地①,谓之文;霁月光风②,谓之度;万物一体,谓之仁。

〔注释〕

①经:编织物的纵线。纬:编织物的横线。
②霁(jì)月光风:雨过天晴时的明净景象。比喻胸襟开阔。

〔译文〕

竭尽忠诚和孝道的人,称得上是人;治理国家的学问,称得上是学;能够平定危机和变乱的能力,称得上是才;有以天地为经纬的才气,称得上有文;有霁月光风的气度,称得上有度;宇宙万物与我为一体,称得上是仁。

以心术为本根;以伦理为桢干①;以学问为菑畬②;以文章为花萼;以事业为结实;以书史为园林;以歌咏为鼓吹;以义理为膏粱③;以著述为文绣④;以诵读为耕耘;以记问为居积;以前言往行为师友;以忠信笃敬为修持;以作善降祥为受用;以乐天知命为依归。

〔注释〕

①桢(zhēn)干(gàn):比喻支柱、骨干。旧时用土筑墙,立于两端的木柱是桢,立于两旁的木柱是干。

②葘(zī)畬(yú):耕耘。
③膏粱:美味的食物。膏,肥肉。粱,优质粟米。
④文绣:刺绣美丽的衣服。文,刺画。

〔译文〕

把心术作为根本;把伦理作为支柱;把学问作为耕耘;把文章作为花萼;把事业作为果实;把阅读典籍当作观赏园林;把吟咏诗文当作演奏乐曲;把探求义理当作品尝美食;把著述文章当作刺绣锦缎;把诵读经典当作耕耘田地;把记诵诗书当作囤积粮食;把先贤的言行视作师友;把忠诚守信、敦厚尊敬视作修行;把做善事获吉祥当作享受;把乐于顺应命运的安排作为归宿。

凛闲居以体独①;卜动念以知几②;谨威仪以定命;敦大伦以凝道③;备百行以考旋④;迁善改过以作圣。

〔注释〕

①凛:严肃。闲居:独居。
②卜:推断。知几:预见事物发展的征兆。
③敦:注重。大伦:基本的伦理。凝道:凝聚至高的道。语出《中庸》:"苟不至德,至道不凝焉。"
④考:察考。旋:圆圈。考旋:语出《周易·履卦》:"视履考祥,其旋元吉。"

〔译文〕

闲居时要严肃以待,体验独处时的心境;从独处时泛起的念头,体察心中的趋向;举止仪容庄重谨慎,由此顺应天命;注重基本的伦理,以凝聚至高的道;各种优秀的品行都完备,经得起全面的察考;迁向善行、改正过错,就成为圣人了。

收吾本心在腔子里①,是圣贤第一等学问;尽吾本分在素位中②,是圣贤第一等工夫。

〔注释〕

①腔子:躯体。
②素位:现在的位置。

〔译文〕

保持自己的本心,是圣贤最重要的学问;在自己现在的位置上尽自己的本分,是圣贤最重要的功夫。

万理澄澈①,则一心愈精而愈谨;一心凝聚,则万理愈通而愈流。

〔注释〕

①澄澈:清澈,明白。

〔译文〕

　　明白了万物之理,心就越来越精纯、谨慎;心凝聚了,万物之理就越来越通畅无碍。

　　宇宙内事乃己分内事;己分内事乃宇宙内事。

〔译文〕

　　把宇宙内的事看作自己分内的事;把自己分内的事看作宇宙内的事。

　　身在天地后,心在天地前;身在万物中,心在万物上。

〔译文〕

　　身体是在天地之后出现的,心是在天地之前就存在的;身体处于万物之中,心处于万物之上。

　　观天地生物气象;学圣贤克己工夫。

〔译文〕

　　观察天地间生物的形态迹象;学习圣贤克制自己的功夫。

下手处是自强不息;成就处是至诚无息①。

〔注释〕

①无息:没有声息。

〔译文〕

着手做事时,要自强上进,不停歇;取得了成绩时,要极尽诚恳,不张扬。

以圣贤之道教人易,以圣贤之道治己难;以圣贤之道出口易,以圣贤之道躬行难;以圣贤之道奋始易,以圣贤之道克终难。

〔译文〕

用圣贤的道理教育别人很容易,用圣贤的道理要求自己很难;说出圣贤的道理很容易,践行圣贤的道理很难;开始做事时遵循圣贤的道理很容易,把圣贤的道理坚持到底很难。

圣贤学问是一套,行王道必本天德;后世学问是两截,不修己只管治人。

〔译文〕

圣贤的学问是一个整体,施行王道一定要以天的兴替变化规律为根本;后世的学问支离为两部分,不注重自己的修行而只管治理别人。

口里伊周①,心中盗跖②,责人而不责己,名为挂榜圣贤;独凛明旦③,幽畏鬼神,知人而复知天,方是有根学问。

〔注释〕

①伊周:伊尹和周公,代指圣贤。
②盗跖:名为跖的大盗,代指凶恶的人。
③凛:严肃。明旦:天亮。

〔译文〕

嘴上讲的是圣贤之事,心里想的是邪恶之事,只责求他人而不责求自己,不过是贴上了圣贤的标签;天亮时严肃地对待自己,天黑时敬畏鬼神,懂得人进而懂得天,才是有根底的学问。

无根本的气节,如酒汉殴人,醉时勇,醒来退消,无分毫气力;无学问的识见,如庖人炀灶①,面前明,背后左右,无一些照顾。

〔注释〕

①庖(páo)人:做饭的人。炀(yàng):烧火。

〔译文〕

　　没有根基的气节,就像醉酒的汉子殴打他人,酒醉时很勇猛,酒醒后勇气消退,没有一点力气;没有学问的见解,就像厨师烧灶,只有面前明亮,背后和左右没有一点火光照来。

　　理以心得为精,故当沉潜,不然耳边口头也;事以典故为据①,故当博洽,不然臆说杜撰也。

〔注释〕

　　①典故:诗文等所引用的古书中的故事。

〔译文〕

　　探求道理以内心领悟的为精粹,因此应当深入求索,不然就是耳朵听听、口头说说;做事以旧有的事例为依据,因此应当广博多识,不然就是没有根据的想象、编造。

　　只有一毫粗疏处,便认理不真,所以说"惟精",不然众论淆之而必疑①;只有一毫二三心,便守理不定,所以说"惟一",不然利害临之而必变。

〔注释〕

　　①淆(xiáo):混杂。

〔译文〕

只要有一点点粗疏的地方,就会造成认识道理不准确,所以说要"惟精",不然众多观点混杂在一起,必然造成疑惑;只要有一点点不专心,就会造成坚守道理不专心,所以说要"惟一",不然当面临利害相关的事时,必然会放弃道理。

接人要和中有介;处事要精中有果;认理要正中有通。

〔译文〕

对人要和气之中有耿介;做事要精细之中有果断;认识道理要中正之中有变通。

在古人之后议古人之失则易;处古人之位为古人之事则难。

〔译文〕

在古人之后去议论古人的错误是容易的;处于古人的境况中处理古人的事是困难的。

古之学者得一善言附于其身;今之学者得一善言务以悦人。

〔译文〕

古代的学者得到一句有益的话,就将它附着在自己的身上去践行;现在的学者得到一句有益的话,一定要用来取悦别人。

古之君子病其无能也①,学之;今之君子耻其无能也,讳之。

〔注释〕

①病:忧虑。

〔译文〕

古代的君子为自己能力不足而忧虑,因此去学习;现在的君子以自己能力不足而羞耻,因此就回避。

眼界要阔,遍历名山大川;度量要宏,熟读五经诸史①。

〔注释〕

①五经:五种儒家经典的合称,即《易》《诗》《书》《礼》《春秋》。

〔译文〕

眼界要开阔,游遍名山大川;度量要宏阔,熟读五经和各种史书。

先读经后读史,则论事不谬于圣贤①;既读史复读经,则观书不徒为章句②。

〔注释〕

①谬:违背。
②章句:指古书的章节和句读。

〔译文〕

先读经书后读史书,那么议论事情不会违背圣贤的思想;先读史书再读经书,那么读书就不仅仅是为了分析经书的章节和句读。

读经传则根柢厚①;看史鉴则议论伟②;观云物则眼界宽③;去嗜欲则胸怀净④。

〔注释〕

①经传:原指经典和古人解释经典的书,这里泛指比较重要的古书。经,为经书。传,为阐释经书的著作。
②史鉴:《史记》和《资治通鉴》。这里泛指史书。
③云物:景物。
④嗜(shì)欲:嗜好和欲望。这里指不良的嗜好和欲望。

〔译文〕

读经书,则学问根基深厚;读史书,则议论气魄宏大;观察世间万物,则眼界宽阔;舍弃不良的嗜好和欲望,则心胸干净。

一庭之内自有至乐①;六经以外别无奇书。

〔注释〕

①一庭之内:一个院子里,指家中。

〔译文〕

在家里庭院之中,自然有最快乐的事;在六经以外,再没有别的更重要的书了。

读未见书,如得良友;见已读书,如逢故人。

〔译文〕

读没有见过的书,像交到了好朋友;见到已经读过的书,像碰见了老朋友。

何思何虑①,居心当如止水;勿助勿忘②,为学当如流水。

〔注释〕

①何思何虑:何必思念何必忧虑。语出《周易·系辞》:"天下何思何虑。"
②勿助勿忘:不要不顾情况地助力,也不要忘记。语出《孟子·公孙

丑上》:"心勿忘,勿助长也。"

〔译文〕

何必思念何必忧虑,心应当像静止的水一样平静;不要冒进,也不要停滞,做学问应当像流水那样源源不绝。

心不欲杂,杂则神荡而不收;心不欲劳,劳则神疲而不入。

〔译文〕

心不喜欢杂乱,杂乱则精神恍惚而无法收拢;心不喜欢劳累,劳累则精神疲惫而无法深入思考。

心慎杂欲,则有余灵;目慎杂观,则有余明。

〔译文〕

心不去理杂乱的欲望,就有富余的精气;眼睛不去看杂乱的景观,就有富余的眼力。

案上不可多书;心中不可少书。

〔译文〕

书桌上不能有太多书;心里不能没有书。

鱼离水则鳞枯;心离书则神索①。

〔注释〕

①神索:精神离散。

〔译文〕

鱼离开了水,鳞片就会干枯;心离开了书,精神就会离散。

志之所趋,无远勿届,穷山距海①,不能限也;志之所向,无坚不入,锐兵精甲,不能御也。

〔注释〕

①距海:到达大海。语出《尚书·益稷》:"予决九川,距四海。"

〔译文〕

志向所在,不管多远,没有达不到的,即使需要越过高山抵达大海,也不能限制住;志向所在,不管多坚固,没有不能被刺入的,即使是精锐的士兵、精良的武器,也不能抵御。

把意念沉潜得下,何理不可得？把志气奋发得起,何事不可做？

〔译文〕

　　把心中的想法沉淀涵泳,什么道理不能悟得呢?把胸中的志气发动振奋起来,什么事情不能做成呢?

　　不虚心,便如以水沃石①,一毫进入不得;不开悟,便如胶柱鼓瑟②,一毫转动不得;不体认,便如电光照物③,一毫把捉不得;不躬行,便如水行得车,陆行得舟,一毫受用不得④。

〔注释〕

　　①沃:浇。
　　②胶柱鼓瑟:弹奏瑟时,粘住瑟上的弦柱。比喻固执,不懂变通。
　　③电光:闪电的光。
　　④受用:获得好处。

〔译文〕

　　不虚心,就像用水浇石头,一点也浇不进去;不打开心窍,就像鼓瑟时粘上了弦柱,一点也转动不了(也就无法调弦);不体察认知,就像闪电照亮物体,一点也捕捉不到就消失了;不亲自实践,就像在水中前进时有了车,在陆上前进时有了船,一点用处也没有。

　　读书贵能疑,疑乃可以启信;读书在有渐,渐乃克底有成①。

〔注释〕

①克:能够。底:达到。

〔译文〕

读书贵在能发出疑问,有了疑问才可以产生确信;读书要循序渐进,循序渐进才能取得成绩。

看书求理,须令自家胸中点头①;与人谈理,须令人家胸中点头。

〔注释〕

①自家:自己。

〔译文〕

读书追求道理,要让自己心中认可;和别人谈论道理,要让别人心悦诚服。

爱惜精神,留他日担当宇宙;蹉跎岁月,问何时报答君亲①?

〔注释〕

①君亲:君王和父母。

〔译文〕

　　爱惜精神,以待日后担负大任;虚度了光阴,什么时候才能报答君王、父母?

　　戒浩饮①,浩饮伤神;戒贪色,贪色减神;戒厚味②,厚味昏神;戒饱食,饱食闷神;戒多动,多动乱神;戒多言,多言损神;戒多忧,多忧郁神;戒多思,多思挠神;戒久睡,久睡倦神;戒久读,久读苦神。

〔注释〕

　　①浩饮:豪饮。
　　②厚味:浓重的味道。

〔译文〕

　　不要过量饮酒,过量饮酒就损伤精神;不要贪恋美色,贪恋美色就减弱精神;不要吃得味道太重,味道太重就迷乱精神;不要吃得太饱,吃得太饱就精神不畅;不要过多运动,过多运动就扰乱精神;不要说得太多,说得太多就损伤精神;不要忧虑太多,忧虑太多就精神凝滞;不要想得太多,想得太多就扰乱精神;不要睡得太久,睡得太久就精神疲惫;不要读书太久,读书太久就精神辛苦。

存　养

〔题解〕

《孟子·尽心上》:"存其心,养其性,所以事天也。""存养"一词即出于此,意谓保存人的本心、培养人的本性。孟子认为人性本善,因此保持人的本心、本性,就是保持天性中原本的善。"存养"也成为宋明理学的一个重要概念,诸家对此多有论述。本篇所收录的格言,就围绕人如何保持本心、本性的善而展开,大致可以分为两类:一类是通过格物、穷理、沉潜等功夫而不断地涵养、培育、发展本心、本性;另一类是不断地省察、检点,通过谨言、慎行、寡欲等来约束自己,使得本心、本性不为外物所牵制。

性分不可使不足[①],故其取数也宜多,曰穷理,曰尽性,曰达天,曰入神[②],曰致广大、极高明;情欲不可使有余[③],故其取数也宜少,曰谨言,曰慎行,曰约己,曰清心,曰节饮食、寡嗜欲。

〔注释〕

①性分:人的天性和本分。

②入神:指达到潜移默化的境界。语出《周易·系辞》:"精义入神,以致用也。"

③情欲:欲望。

〔译文〕

天性和本分不能使其不足,因此获取的数量越多越好,一是穷究道理,一是发展本性,一是领会天道,一是入于神化,一是达到广博宏大、高大光明;欲望不能使其过分,因此获取的数量越少越好,一是谨慎说话,一是谨慎做事,一是约束自己,一是清净内心,一是节制饮食、减少欲望。

大其心,容天下之物;虚其心,受天下之善;平其心,论天下之事;潜其心,观天下之理;定其心,应天下之变。

〔译文〕

心要宽大,然后才能包容天下万物;心要虚空,然后才能接受天下善意;心要平和,然后才能议论天下的事务;心要沉潜,然后才能观察万物的规律;心要坚定,然后才能应对世界的变化。

清明以养吾之神;湛一以养吾之虑①;沉警以养吾

之识;刚大以养吾之气;果断以养吾之才;凝重以养吾之器;宽裕以养吾之量;严冷以养吾之操。

〔注释〕

①湛一:湛然纯一,谓清澈单纯。

〔译文〕

用清澈光明来涵养我的精神;用湛然纯一来涵养我的心智;用深沉机警来涵养我的见识;用刚直正大来涵养我的正气;用果敢决断来涵养我的才干;用稳重庄厚来涵养我的胸怀;用宽容大度来涵养我的气量;用严肃冷峻来涵养我的操守。

自家有好处,要掩藏几分,这是涵育以养深;别人不好处,要掩藏几分,这是浑厚以养大。

〔译文〕

自己有什么优点,要掩藏一部分,这是涵养化育以培养深沉;别人有什么缺点,要掩藏一部分,这是浑朴厚道以培养宽大。

以虚养心;以德养身;以仁养天下万物;以道养天下万世。

〔译文〕

用清虚涵养心性;用德行涵养身体;用仁义涵养万事万物;

用天道涵养世世代代。

涵养冲虚,便是身世学问[①];省除烦恼,何等心性安和。

〔注释〕

①身世:一生。

〔译文〕

涵养恬淡清虚的心性,就是一生的学问;减省去除烦恼,心性是多么安静平和。

颜子四勿[①],要收入来,闲存工夫[②],制外以养中也;孟子四端[③],要扩充去,格致工夫,推近以暨远也。

〔注释〕

①颜子四勿:颜子即孔子弟子颜渊,四勿指"非礼勿视,非礼勿听,非礼勿言,非礼勿动",语出《论语·颜渊》。

②闲存:闲邪存诚,即防止邪恶、保存诚实。语出《周易》:"闲邪存其诚。"

③四端:仁、义、礼、智这四种道德的开端。语出《孟子·公孙丑上》:"恻隐之心,仁之端也;羞恶之心,义之端也;辞让之心,礼之端也;是非之心,智之端也。人之有是四端也,犹其有四体也。"

〔译文〕

　　颜子的"四勿",要收进来,做防止邪恶、保存诚实的功夫,抑制对外物的欲望涵养心性;孟子的"四端",要扩宽充实开来,做格物致知的功夫,从近处推理到远处。

　　喜怒哀乐而曰未发,是从人心直溯道心,要他存养[1];未发而曰喜怒哀乐,是从道心指出人心,要他省察。

〔注释〕

　　①存养:存心养性。语出《孟子·尽心上》:"存其心,养其性,所以事天也。"

〔译文〕

　　有了喜怒哀乐而说没有萌发,是从人心直接追溯到天理,要人们存心养性;没有萌发而说有喜怒哀乐,是从天理指出了人心,要人们省察自己。

　　存养宜冲粹,近春温;省察宜谨严,近秋肃。

〔译文〕

　　存心养性应该谦和纯粹,近似春天的温和;省察自己应该谨慎严格,近似秋天的严肃。

就性情上理会,则曰涵养;就念虑上提撕,则曰省察;就气质上销镕①,则曰克治。

〔注释〕

①销镕:融化,这里是清除私念之意,也作消融、销融。朱熹《四书章句集注》:"荡涤其邪秽,消融其渣滓。"

〔译文〕

在性情上加以注意,就是涵养;在思虑上加以提醒警觉,就是省察;在气质上清除那些私念,就是克治。

一动于欲,欲迷则昏;一任乎气,气偏则戾。

〔译文〕

一旦被欲望驱使,欲望迷乱了,人就会昏聩;一旦凭意气行事,意气偏激了,人就会乖戾。

人心如谷种,满腔都是生意,物欲锢之而滞矣,然而生意未尝不在也,疏之而已耳;人心如明镜,全体浑是光明①,习染熏之而暗矣,然而明体未尝不存也,拭之而已耳。

〔注释〕

①浑:都。

〔译文〕

人的心像谷物的种子,其中充满了生机,物欲限制了它而使其凝滞,但是生机未曾消失不存,只要疏通它就可以了;人的心像明亮的镜子,全部都是光明,被恶习熏陶使其乌暗,但是光明的本体未曾消失不存,擦拭它就可以了。

果决人似忙,心中常有余闲;因循人似闲①,心中常有余忙。

〔注释〕

①因循:犹豫,拖延。

〔译文〕

果敢决断的人看起来很忙,心中常常有多出来的闲暇;犹犹豫豫的人看似悠闲,心中常常有多出来的忙乱。

寡欲故静;有主则虚。

〔译文〕

欲望少因此心静;心中有主见就会清虚。

无欲之谓圣;寡欲之谓贤;多欲之谓凡;徇欲之谓狂。

〔译文〕

没有欲望的人是圣人;欲望少的人是贤人;欲望多的人是凡人;一味顺从欲望的人是狂人。

人之心胸,多欲则窄,寡欲则宽;人之心境,多欲则忙,寡欲则闲;人之心术,多欲则险,寡欲则平;人之心事①,多欲则忧,寡欲则乐;人之心气,多欲则馁,寡欲则刚。

〔注释〕

①心事:心情。

〔译文〕

人的心胸,欲望多了就窄,欲望少了就宽;人的心境,欲望多了就忙,欲望少了就闲;人的心术,欲望多了就凶险,欲望少了就平和;人的心情,欲望多了就忧,欲望少了就乐;人的心气,欲望多了就失掉勇气,欲望少了就坚强刚毅。

宜静默,宜从容,宜谨严,宜俭约,四者切己良箴;忌多欲,忌妄动,忌坐驰①,忌旁骛四者②,切己大病。

〔注释〕

①坐驰:身体坐着不动,心飞驰了很远,谓心有杂念。
②旁骛(wù):有别的追求,不专心。

〔译文〕

宜静默,宜从容,宜谨严,宜俭约,这四点是切身有益的箴言;忌多欲,忌妄动,忌坐驰,忌旁骛,这四点是切身有害的大忌。

常操常存①,得一"恒"字诀;勿忘勿助②,得一"渐"字诀。

〔注释〕

①常操常存:语出《孟子·告子上》:"操则存,舍则亡。"意谓常常持有仁义之心,就会常存仁义之心。
②勿忘勿助:语出《孟子·公孙丑上》:"心勿忘,勿助长也。"已见《学问》篇中"勿助勿忘"注释。

〔译文〕

常常拿着就常常存在,就得到了一个"恒"字的秘诀;不要停滞也不要过急,就得到了一个"渐"字的秘诀。

敬守此心,则心定;敛抑其气,则气平。

〔译文〕

认真遵循这个心,那么心就安定;收敛抑制这个心气,那么心气就平和。

人性中不曾缺一物;人性上不可添一物。

〔译文〕

人性中不曾缺少任何一样东西;人性上不可以再增加任何一样东西。

君子之心不胜其小,而气量涵盖一世;小人之心不胜其大,而志意拘守一隅。

〔译文〕

君子的心十分小,但气量宏大,能涵盖全世界;小人的心十分大,但心思只拘泥在一个角落里。

怒是猛虎;欲是深渊。

〔译文〕

愤怒像猛虎一样危险;欲望像深渊一样危险。

忿如火,不遏则燎原;欲如水,不遏则滔天。

〔译文〕

愤怒像火,如果不遏制就会延烧原野;欲望像水,如果不遏制就会弥漫至天际。

惩忿如摧山,窒欲如填壑;惩忿如救火,窒欲如防水。

〔译文〕

抑制愤怒像摧毁大山一样困难,抑制欲望像填充沟壑一样困难;抑制愤怒像救火一样重要,抑制欲望像防止洪水泛滥一样重要。

心一松散,万事不可收拾;心一疏忽,万事不入耳目;心一执着,万事不得自然。

〔译文〕

心一旦懈怠了,什么事都没办法做好;心一旦疏忽了,什么事都听不到、看不到;心一旦固执了,什么事都不能自然而然地发展。

一念疏忽,是错起头;一念决裂①,是错到底。

〔注释〕

①决裂:破裂,这里指出了问题。

〔译文〕

一个念头疏忽了,就是错误的开端;一个念头不对了,就会错到底。

古之学者,在心上做工夫,故发之容貌,则为盛德之符;今之学者,在容貌上做工夫,故反之于心,则为实德之病①。

〔注释〕

①实德之病:实际的德行有所缺失。朱熹《四书章句集注》:"此不务实而专务求名者,故虚誉虽隆而实德则病矣。"

〔译文〕

古时的学者,在修养心性上用功,因此表现在容貌上就与美好的德行一致;现在的学者,在修饰容貌上用功,因此反射在心上,实际的德行是有缺陷的。

只是心不放肆,便无过差;只是心不怠忽,便无逸志。

〔译文〕

只要内心不放纵,就没有过失;只要内心不懈怠疏忽,就没有放纵的心思。

处逆境,心须用开拓法;处顺境,心要用收敛法。

〔译文〕

处于逆境的时候,要用开阔、拓展内心的方法;处于顺境的时候,要用收敛、约束内心的方法。

世路风霜,吾人炼心之境也;世情冷暖,吾人忍性之地也;世事颠倒,吾人修行之资也。

〔译文〕

人世间道路上的雨雪风霜,是让我们锤炼自己内心的环境;人世间的人情冷暖,是让我们坚忍自己性情的地方;人世间事物的颠倒错乱,是我们修养德行的资本。

青天白日的节义①,自暗室屋漏中培来②;旋乾转坤的经纶③,自临深履薄处得力④。

〔注释〕

①青天白日:天蓝日白,谓天气晴好,也指品德高尚。节义:节操、气节。

②暗室屋漏:房屋昏暗简陋,指不为人所知的地方。
③经纶:治国理政的才能。
④临深履薄:面临深渊,脚踩薄冰,谓小心翼翼。

〔译文〕

　　光明的节操,是从不为人所知的昏暗简陋的房屋中一点点培养出来的;扭转乾坤的治国才能,是从如临深渊、如履薄冰中一点点练就的。

　　名誉自屈辱中彰;德量自隐忍中大。

〔译文〕

　　名誉在经受屈辱时更加彰显;气量在隐忍的过程中更为扩大。

　　谦退是保身第一法;安详是处事第一法;涵容是待人第一法;洒脱是养心第一法。

〔译文〕

　　谦虚退让是保全自己最重要的方法;稳重从容是处事最重要的方法;涵忍包容是待人最重要的方法;洒脱是修养心性最重要的方法。

喜来时一检点;怒来时一检点;怠惰时一检点;放肆时一检点。

〔译文〕

高兴时要检点一下自己;生气时要检点一下自己;懈怠懒惰时要检点一下自己;放纵轻率时要检点一下自己。

自处超然,处人蔼然;无事澄然①,有事斩然;得意淡然,失意泰然。

〔注释〕

①澄然:清澈的样子。

〔译文〕

对待自己要超然脱俗,对待别人要和蔼亲切;没有事情时心中要清澈干净,遇到事情时要果敢决断;得意的时候要淡然处之,失意的时候要泰然处之。

静能制动;沉能制浮;宽能制褊;缓能制急。

〔译文〕

静能克制动;沉能克制浮;宽厚能克制狭隘;舒缓能克制急躁。

天地间真滋味,惟静者能尝得出;天地间真机括①,惟静者能看得透。

〔注释〕

①机括:弩上用来控制发射的部件,比喻事物的关键。

〔译文〕

天地间真正的味道,只有有静气的人才能尝出来;天地间真正的关键,只有有静气的人才能看透彻。

有才而性缓,定属大才;有智而气和,斯为大智。

〔译文〕

有才能而且性格缓和,一定属于大才能;有智慧而且脾气温和,这是大智慧。

气忌盛;心忌满;才忌露。

〔译文〕

脾气忌讳太盛;心态忌讳自满;才能忌讳外露。

有作用者,器宇定是不凡;有智慧者,才情决然不露。

〔译文〕

有作为的人,器宇一定不凡;有智慧的人,才情绝不外露。

意粗性躁,一事无成;心平气和,千祥骈集①。

〔注释〕

①骈(pián)集:聚集。骈,双马并驾。

〔译文〕

脾气性格粗疏暴躁,一件事也做不成;心态平和,所有的好事都来了。

世俗烦恼处,要耐得下;世事纷扰处,要闲得下;胸怀牵缠处,要割得下;境地浓艳处,要淡得下;意气忿怒处,要降得下。

〔译文〕

遇到世俗的烦恼,要忍耐得了;面对世事的混乱,要闲适得了;心中有事牵绊,要割断得了;处境花团锦簇时,要淡然得了;情绪愤怒时,要降得了火气。

以和气迎人,则乖沴灭①;以正气接物,则妖气消;以浩气临事,则疑畏释;以静气养身,则梦寐恬。

〔注释〕

①乖沴(lì):不和之气。

〔译文〕

用和气对人,那么邪气就灭绝了;用正气和人交往,那么妖气就消失了;用浩然正气对待事情,那么怀疑和畏惧就消释了;用静气修养身体,那么睡梦就安然了。

观操存在利害时①;观精力在饥疲时;观度量在喜怒时;观镇定在震惊时。

〔注释〕

①操存:操守。

〔译文〕

观察人的操守,要在关乎利害的时候;观察人的精力,要在饥饿疲劳的时候;观察人的度量,要在关乎喜怒的时候;观察人的沉着,要在发生大事的时候。

大事难事看担当;逆境顺境看襟度;临喜临怒看涵

养;群行群止看识见①。

〔注释〕

①群行群止:群体活动中的一举一动。

〔译文〕

在大事、难事上的表现,能看出担当精神;在逆境、顺境中的表现,能看出胸襟气度;面对好事、坏事时的表现,能看出涵养;在群体活动中的举动,能看出见识。

轻当矫之以重;浮当矫之以实;褊当矫之以宽①;执当矫之以圆;傲当矫之以谦;肆当矫之以谨;奢当矫之以俭;忍当矫之以慈;贪当矫之以廉;私当矫之以公;放言当矫之以缄默;好动当矫之以镇静;粗率当矫之以细密;躁急当矫之以和缓;怠惰当矫之以精勤;刚暴当矫之以温柔;浅露当矫之以沉潜;溪刻当矫之以浑厚②。

〔注释〕

①褊(biǎn):狭小。
②溪刻:刻薄。

〔译文〕

轻应当用重去矫正;浮应当用实去矫正;偏狭应当用宽大去

矫正;固执应当用圆通去矫正;骄傲应当用谦虚去矫正;放肆应当用谨慎去矫正;奢侈应当用简朴去矫正;残忍应当用仁慈去矫正;贪污应当用廉洁去矫正;自私应当用公义去矫正;放声高论应当用闭口沉默去矫正;好动应当用持重安静去矫正;粗率应当用细密去矫正;急躁应当用和缓去矫正;懈怠懒惰应当用精心勤勉去矫正;刚勇暴戾应当用温柔去矫正;肤浅外露应当用沉潜去矫正;刻薄应当用宽厚去矫正。

持　躬

〔题解〕

　　此篇为全书内容最为丰富的一篇,主要强调为人处世所应有的态度。对不同的人、不同的事,要有不同的应对,但归结起来,功名利禄只能给自身带来损伤,君子要知足常乐,面对权势、功名、金钱、美色等的诱惑,要处之泰然,不争不抢,居功而不傲,犯错而知悔,保持谦和、忍让、宽容的态度,日复一日,不懈努力,不断精进,积累德行。值得注意的是,此篇有两则格言,倡导要有超越古人、无所畏惧的勇气和志气,这是传统文化中主动进取的一面,也是本书其他诸篇很少涉及的一面。

　　聪明睿知①,守之以愚;功被天下,守之以让;勇力振世②,守之以怯;富有四海,守之以谦。

〔注释〕

　　①知:通"智"。
　　②振:通"震"。

〔译文〕

　　聪明睿智,要用愚钝来持守;功劳覆盖天下,要用退让来持守;勇猛的力量震动世界,要用胆怯来持守;富有天下,要用谦和来持守。

　　不与居积人争富;不与进取人争贵;不与矜饰人争名;不与少年人争英俊;不与盛气人争是非。

〔译文〕

　　不要和囤积财产的人争富裕;不要和追求功名的人争地位;不要和喜欢夸耀的人争名气;不要和年轻人争英俊;不要和气势傲慢的人争是非。

　　富贵,怨之府也;才能,身之灾也;声名,谤之媒也;欢乐,悲之渐也①。

〔注释〕

　　①渐:开端。

〔译文〕

　　富贵,是滋生怨恨的渊薮;才能,是身体的祸殃;名声,是招来指责的媒介;欢乐,是悲伤的开始。

浓于声色,生虚怯病;浓于货利,生贪饕病;浓于功业,生造作病;浓于名誉,生矫激病。

〔译文〕

过于贪恋淫声美色,会产生心虚胆怯的毛病;过于追求金钱利益,会产生贪婪的毛病;过于执着建功立业,会产生矫揉造作的毛病;过于看重名誉,会产生怪异偏激的毛病。

想自己身心,到后日置之何处;顾本来面目,在古人像个甚人。

〔译文〕

想想自己的品行,未来人们会把我放在什么位置;看看自己本来的心性,像古人中的哪个人。

莫轻视此身,三才在此六尺①;莫轻视此生,千古在此一日。

〔注释〕

①三才:指天、地、人。六尺:为一个人的身高。

〔译文〕

不要轻视自己的身体,天、地、人三才就蕴含在这六尺身躯之中;不要轻视自己这一生,多么久远的历史都要靠一天又一天累积而成。

醉酒饱肉,浪笑恣谈,却不错过了一日①?妄动胡言,昧理从欲,却不作孽了一日?

〔注释〕

①却:难道。

〔译文〕

喝醉了酒,吃饱了肉,放肆地说笑谈论,难道不就是错过了一天的好时光?盲目地行动、言谈,违背天理,顺从自己的欲望,难道不就是作孽的一天?

不让古人,是谓有志;不让今人,是谓无量。

〔译文〕

对古人不服气,这是有志气;对今人不谦让,这是没有气量。

"一能胜予"①,君子不可无此小心;"吾何畏彼"②,丈夫不可无此大志。

〔注释〕

①一能胜予:任何一个人都能胜过我。语出《尚书·五子之歌》:"予

视天下愚夫愚妇一能胜予。"

②吾何畏彼:我为何要畏惧别人。语出《孟子·滕文公上》:"彼丈夫也,我丈夫也,吾何畏彼哉。"

〔译文〕

"一能胜予",君子不可以不这样小心谨慎;"吾何畏彼",大丈夫不能没有这样的志气。

怪小人之颠倒豪杰,不知惯颠倒方为小人;惜君子之受世折磨,不知惟折磨乃见君子。

〔译文〕

责怪小人扳倒了豪杰,是不知道惯于整人才是小人;怜惜君子经受世间的折磨,是不知道只有经历折磨才让君子显现出来。

经一番挫折,长一番识见;容一番横逆,增一番器度;省一分经营,多一分道义;学一分退让,讨一分便宜;去一分奢侈,少一分罪过;加一分体贴,知一分物情。

〔译文〕

经历一次挫折,就增长一些见识;容忍一次横暴无理,就增加一些气量;减少一点对私利的计较,就增加一点道义;学会一点退让,就能讨得一点好处;去掉一点奢侈,就能减少一点罪过;

增加一点体贴,就多了解一点人情。

不自重者取辱;不自畏者招祸;不自满者受益;不自是者博闻。

〔译文〕

不自爱就会招来羞辱;不自畏就会招来祸害;不自满就会得到好处;不自以为是就会见闻广博。

有真才者,必不矜才;有实学者,必不夸学。

〔译文〕

有真实才能的人,一定不炫耀才能;有真实学问的人,一定不炫耀学问。

盖世功劳,当不得一个"矜"字①;弥天罪恶,最难得一个"悔"字。

〔注释〕

①当不得:禁不住。

〔译文〕

无人能比的功劳,禁不住骄傲夸耀;弥天大罪,最难得的是悔过自新。

诿罪掠功,此小人事;掩罪夸功,此众人事;让美归功,此君子事;分怨共过,此盛德事。

〔译文〕

推诿罪责掠夺功劳,这是小人做的事;掩饰罪责夸耀功劳,这是普通人做的事;辞让美名、把功劳归于他人,这是君子做的事;分担过错、共担责任,这是高尚的人做的事。

毋毁众人之名,以成一己之善;毋没天下之理,以护一己之过。

〔译文〕

不要诋毁众人的名声,以成就自己一个人的美名;不要埋没天下的道理,以维护自己一个人的过错。

大着肚皮容物;立定脚跟做人。

〔译文〕

度量要大,包容万物;行事要稳,做人踏实。

实处着脚;稳处下手。

〔译文〕

在实在的地方落脚;在稳妥的地方下手。

读书有四个字最要紧,曰:阙、疑、好、问;做人有四个字最要紧,曰:务、实、耐、久。

〔译文〕

读书有四个最重要的字:阙、疑、好、问;做人有四个最重要的字:务、实、耐、久。

事当快意时须转;言到快意时须住。

〔译文〕

事情进展得顺利时,要注意是否会发生变化;话说到兴奋时,要注意及时打住。

物忌全胜;事忌全美;人忌全盛。

〔译文〕

事物忌讳永远顺利;做事忌讳十全十美;做人忌讳旺盛至极。

尽前行者地步窄；向后看者眼界宽。

〔译文〕

一个劲儿地往前走，脚下只有狭窄的路；懂得回头向后看，眼界就会宽阔。

留有余不尽之巧，以还造化；留有余不尽之禄，以还朝廷；留有余不尽之财，以还百姓；留有余不尽之福，以贻子孙。

〔译文〕

留着那些用不完的技巧，还给自然；留着那些用不完的俸禄，还给朝廷；留着那些花不完的财产，还给百姓；留着那些消受不完的福气，遗留给子孙后代。

四海和平之福，只是随缘；一生牵惹之劳，总因好事。

〔译文〕

天下太平的福分，只是因为随缘得来的；一辈子摆脱不掉的劳苦，总是因为好管闲事造成的。

花繁柳密处拨得开,方见手段;风狂雨骤时立得定,才是脚跟。

〔译文〕

在花朵繁茂、柳叶密布的地方能够拨得开,才看得出本事;在风大雨急时能站得稳,才证明脚跟站得坚定。

步步占先者,必有人以挤之;事事争胜者,必有人以挫之。

〔译文〕

每走一步都要抢在前面的人,一定有人去排挤他;什么事都要争胜的人,一定有人去压制他。

能改过,则天地不怒;能安分,则鬼神无权。

〔译文〕

能够改正过错,那么天地就不会愤怒;能够安分守己,那么鬼神就没有权力伤害他。

言行拟之古人则德进;功名付之天命则心闲;报应念及子孙则事平;受享虑及疾病则用俭。

〔译文〕

像古人那样说话、做事,德行就会长进;把功业名声交给天命,心中就会悠闲;考虑到报应对子孙的影响,办事就会公平;考虑到享乐会造成疾病,吃穿用度就会节俭。

安莫安于知足,危莫危于多言;贵莫贵于无求,贱莫贱于多欲;乐莫乐于好善,苦莫苦于多贪;长莫长于博识,短莫短于自恃;明莫明于体物,暗莫暗于昧几①。

〔注释〕

①几:微小。

〔译文〕

没有比知足更安全的了,没有比多嘴更危险的了;没有比无所求更高贵的了,没有比欲望过多更低贱的了;没有比喜欢做善事更快乐的了,没有比贪心多占更痛苦的了;没有比见识广博更长远的了,没有比自以为是更短暂的了;没有比体察万物更明亮的了,没有比被微小的事情蒙蔽更昏暗的了。

能知足者,天不能贫;能忍辱者,天不能祸;能无求者,天不能贱;能外形骸者①,天不能病;能不贪生者,天不能死;能随遇而安者,天不能困;能造就人材者,天不能孤;能以身任天下后世者,天不能绝。

〔注释〕

①外形骸:以身体为外物。语出《庄子·大宗师》:"彼何人者邪?修行无有,而外其形骸,临尸而歌,颜色不变,无以命之。彼何人者邪?"

〔译文〕

能够知足的人,上天不会使他贫穷;能够忍受屈辱的人,上天不会使他遭祸;能够无所求的人,上天不会使他低贱;能够以身体为外物的人,上天不会使他生病;能够不贪恋生命的人,上天不会使他死亡;能够随遇而安的人,上天不会使他困顿;能够培养人才的人,上天不会使他孤独;能够用生命承担起天下责任的人,上天不会使他绝后。

天薄我以福,吾厚吾德以迓之①;天劳我以形,吾逸吾心以补之;天厄我以遇,吾亨吾道以通之;天苦我以境,吾乐吾神以畅之。

〔注释〕

①迓(yà):迎接,面对。

〔译文〕

上天使我的福分轻薄,我通过厚实我的德行去面对它;上天使我的身体劳苦,我通过安逸我的内心来弥补它;上天使我的际遇困厄,我通过通畅我的道行去让它疏通;上天使我的处境困苦,我就通过愉悦我的精神去让它舒畅。

吉凶祸福,是天主张①;毁誉予夺,是人主张;主身行己,是我主张。

〔注释〕

①主张:主宰。

〔译文〕

吉祥还是不吉祥,灾祸还是幸福,是由上天主宰的;诋毁还是赞誉,给予还是掠夺,是由别人主宰的;为人做事,是我自己主宰的。

要得富贵福泽,天主张由不得我;要做贤人君子,我主张由不得天。

〔译文〕

要得到富贵、福气,这是上天主宰的,由不得我自己;要做贤人、君子,这是我自己主宰的,由不得上天。

富以能施为德,贫以无求为德;贵以下人为德,贱以忘势为德。

〔译文〕

富裕的人以能够施舍为美德,贫穷的人以没有奢求为美德;高贵的人对待不如自己的人,以平等为美德,低贱的人对待比自己地位高的人,以不卑不亢为美德。

护体面,不如重廉耻;求医药,不如养性情;立党羽,不如昭信义;作威福,不如笃至诚;多言说,不如慎隐微;博声名,不如正心术;恣豪华,不如乐名教;广田宅,不如教义方。

〔译文〕

维护面子,不如注重廉耻;求医问药,不如涵养性情;结交党羽,不如昭示信义;独断自大,不如淳朴真诚;多言多语,不如在隐约、细微的地方保持谨慎;博取虚名,不如端正心术;放纵奢华,不如爱好礼教;扩大田产宅第,不如教授做人行事的道理。

行己恭;责躬厚①;接众和;立心正;进道勇。择友以求益;改过以全身②。

〔注释〕

①躬:自己。

②全身:保全名声。

〔译文〕

做人行事要庄严恭敬;反躬自省要深入深刻;与人相处要温和有礼;树立心志要正直正派;增进道德要勇毅无惧。选择朋友来追求有益于自己的道德;改正错误来保全自己的名声。

敬为千圣授受真源;慎乃百年提撕紧钥①。

〔注释〕

①提撕:教导。紧钥:指关键。

〔译文〕

恭敬是圣人们传授的本源;谨慎是长久以来教育的关键。

度量如海涵春育;应接如流水行云;操存如青天白日;威仪如丹凤祥麟;言论如敲金戛石①;持身如玉洁冰清;襟抱如光风霁月;气概如乔岳泰山。

〔注释〕

①敲金戛(jiá)石:敲击钟、磬,比喻声音有力悦耳。金,钟。戛,敲击。石,石磬。

〔译文〕

　　气量要像大海一样包容,像春天一样化育;待人接物要像行云流水一样自然不拘束;操守要像青天、白日一样光明正大;仪表要像凤凰、麒麟一样堂堂正正;言谈要像敲钟、击磬一样有力悦耳;修身要像玉、冰一样高洁;胸怀要像明月、和风一样温柔和畅;气节要像高山一样正直。

　　海阔从鱼跃,天空任鸟飞,非大丈夫不能有此度量;振衣千仞冈①,濯足万里流,非大丈夫不能有此气节;珠藏泽自媚,玉韫山含辉②,非大丈夫不能有此蕴藉;月到梧桐上,风来杨柳边,非大丈夫不能有此襟怀。

〔注释〕

　　①仞(rèn):长度单位,一说七尺为一仞,一说八尺为一仞。
　　②韫(yùn):藏。

〔译文〕

　　海洋广阔任凭鱼儿跳跃,天空高远任凭鸟儿翱翔,不是大丈夫不能有这样的气量;在千仞高冈上抖搂衣服上的尘土,在万里长河中洗脚,不是大丈夫,不能有这样的气节;有珍珠蕴藏其中,水泽自然娇媚,有美玉蕴藏其中,山峦自然含着光辉,不是大丈夫,不能有这样的涵养;月光照到梧桐树上,微风在杨柳边吹过,不是大丈夫,不能有这样的胸怀。

处草野之日,不可将此身看得小;居廊庙之日,不可将此身看得大。

〔译文〕

在民间做百姓的时候,不可以把自己看得太轻微;在朝廷做官的时候,不可以将自己看得太重要。

只一个俗念头,错做了一生人;只一双俗眼睛,错认了一生人。

〔译文〕

只因为一个鄙俗的想法,一生为人全都做错了;只因为一双庸俗的眼睛,一辈子没能认准人。

心不妄念,身不妄动,口不妄言,君子所以存诚;内不欺己,外不欺人,上不欺天,君子所以慎独;不愧父母,不愧兄弟,不愧妻子,君子所以宜家;不负天子,不负生民,不负所学,君子所以用世。

〔译文〕

心中没有不正当的想法,身体没有不正当的举动,口中没有

持 躬 | 61

不正当的言语,君子因此能够心存坦诚;对内不欺骗自己,对外不欺骗别人,对上不欺骗上天,君子因此能谨慎独处;不愧对父母,不愧对兄弟,不愧对妻子、儿女,君子因此能够家庭和顺;不辜负君主,不辜负百姓,不辜负所学,君子因此能够贡献社会。

以性分言,无论父子兄弟,即天地万物,皆一体耳,何物非我?于此信得及,则心体廓然矣①。以外物言,无论功名富贵,即四肢百骸②,亦躯壳耳,何物是我?于此信得及,则世味淡然矣。

〔注释〕

①心体:指思想。
②百骸:指骨骼。

〔译文〕

就本性而言,不用说父子兄弟,就是天地间的所有物体,都是一个整体,什么东西不是我呢?有了这样的信念,那么心里就豁然开朗了。就身外之物而言,不用说功名富贵,就是四肢、骨骼,也不过是躯壳罢了,什么东西是我呢?有了这样的信念,那么世俗的想法就淡了。

有补于天地曰功,有关于世教曰名,有学问曰富,有廉耻曰贵,是谓"功名富贵";无为曰道,无欲曰德,无习于鄙陋曰文,无近于暧昧曰章①,是谓"道德文章"。

〔注释〕

①章:这里指明亮、明显。

〔译文〕

对天地有所补益叫作功,和礼仪教化有关叫作名,有学问叫作富,有廉耻叫作贵,这就是所谓的"功名富贵";没有作为叫作道,没有欲望叫作德,没有鄙俗浅陋的习惯叫作文,不去接近昏暗不明叫作章,这就是所谓的"道德文章"。

困辱非忧,取困辱为忧;荣利非乐,忘荣利为乐。

〔译文〕

困窘、侮辱不是忧愁,自己招来困窘、侮辱才是忧愁;荣华利禄不是快乐,忘记荣华利禄才是快乐。

热闹荣华之境一过,辄生凄凉;清真冷淡之为历久,愈有意味。

〔译文〕

热闹繁华的场景一旦消失,就会产生凄凉的感觉;自然平淡的生活经历得久了,更有滋味。

心志要苦,意趣要乐;气度要宏,言动要谨。

〔译文〕

意志要经受苦难的磨炼,情趣要乐观;气度要宏大,言行要谨慎。

心术以光明笃实为第一;容貌以正大老成为第一;言语以简重真切为第一。

〔译文〕

心术最重要的是光明磊落、淳朴老实;容貌最重要的是堂堂正正、老成持重;言语最重要的是简洁庄重、情真意切。

勿吐无益身心之语;勿为无益身心之事;勿近无益身心之人;勿入无益身心之境;勿展无益身心之书。

〔译文〕

不要说对身心没有好处的话;不要做对身心没有好处的事;不要亲近对身心没有好处的人;不要进入对身心没有好处的场合;不要打开对身心没有好处的书。

此生不学,一可惜;此日闲过,二可惜;此身一败①,

三可惜。

〔注释〕

①一败:完全失败。

〔译文〕

这一生如果不学习,是一件可惜的事;这一天闲着不做事,又是一件可惜的事;这辈子一事无成,还是一件可惜的事。

君子胸中所常体,不是人情是天理;君子口中所常道,不是人伦是世教;君子身中所常行,不是规矩是准绳。

〔译文〕

君子心中常常体验的,不是人情而是天理;君子口中常常说的,不是人伦等级而是礼仪教化;君子身体常常力行的,不是世俗的规矩而是道德的准绳。

休诿罪于气化,一切责之人事;休过望于世间,一切求之我身。

〔译文〕

不要把罪责推诿给命运无常,一切都要从为人做事的角度去责备;不要过于把希望寄托于外界,一切都从自己身上去要求。

自责之外,无胜人之术;自强之外,无上人之术。

〔译文〕

除了要求自己,没有能够胜过别人的方法;除了自己奋发图强,没有超过别人的方法。

书有未曾经我读;事无不可对人言。

〔译文〕

书籍有我没读过的;事情没有不可以对人说的。

闺门之事可传①,而后知君子之家法矣;近习之人起敬②,而后知君子之身法矣。

〔注释〕

①闺门:旧时指妇女居住的内室。
②近习:亲近。起:更。

〔译文〕

内室里的事情可以在外传播,然后就知道君子治家的法度了;对亲近的人更加恭敬,然后就知道君子对自己的要求了。

门内罕闻嬉笑怒骂,其家范可知;座右遍书名论格言,其志趣可想。

〔译文〕

家中很少听到嬉笑、怒骂的声音,就可以知道这家的规矩了;座位的右边写满了知名的言论、格言警句,可以想见他的志向趣味了。

慎言动于妻子仆隶之间;检身心于食息起居之际。

〔译文〕

与妻子、儿女、奴仆相处,也要小心言行;在饮食起居这些日常行为中,也要检点思想。

语言间尽可积德;妻子间亦是修身。

〔译文〕

言谈之间完全可以积累德行;与妻子、儿女交往也可以修养身心。

昼验之妻子,以观其行之笃与否也;夜考之梦寐,以卜其志之定与否也。

〔译文〕

　　白天通过检验其妻子儿女,来判断他的行为是否诚信专一;夜晚通过考察其梦境,来推断他的心志是否坚定。

　　欲理会七尺,先理会方寸;欲理会六合①,先理会一腔。

〔注释〕

　　①六合:上下和东西南北,泛指天下。

〔译文〕

　　要想认识身体,先要认识内心;要想认识天下万物,先要认识内心。

　　世人以七尺为性命;君子以性命为七尺。

〔译文〕

　　世间人把身体视为性命;君子把性命当作身体。

　　气象要高旷,不可疏狂;心思要缜密,不可琐屑;趣味要冲淡,不可枯寂;操守要严明,不可激烈。

〔译文〕

　　气度要高远开阔,但不能粗疏狂傲;心思要细致周密,但不能斤斤计较;情趣要冲和淡泊,但不能枯燥无味;操守要严格分明,但不能太过固执激烈。

　　聪明者,戒太察;刚强者,戒太暴;温良者,戒无断。

〔译文〕

　　聪明的人,要忌太苛求;刚强的人,要忌太暴躁;温良的人,要忌没有主见。

　　勿施小惠伤大体;毋借公道遂私情。

〔译文〕

　　不要因为施与小小的恩惠而伤害了整体的利益;不要假借公正去照顾个人的感情。

　　以情恕人;以理律己。

〔译文〕

　　用温情宽恕别人;用天理要求自己。

持躬 | 69

以恕己之心恕人,则全交;以责人之心责己,则寡过。

〔译文〕

用宽恕自己的心去宽恕别人,那么可以维持与人的友谊;用责备别人的心来责备自己,那么可以减少过错。

力有所不能,圣人不以无可奈何者责人;心有所当尽,圣人不以无可奈何者自诿。

〔译文〕

一个人的能力有做不到的事情,圣人不会因为他没有办法而责怪他;有应该竭尽心力的事情,圣人不会把无可奈何作为自己的推诿。

众恶必察,众好必察,易;自恶必察,自好必察,难。

〔译文〕

别人的罪恶一定明察,别人的好处一定明察,这做起来简单;自己的罪恶一定明察,自己的好处一定明察,这做起来很难。

见人不是,诸恶之根;见己不是,万善之门。

〔译文〕

看到别人的缺点,是各种罪恶的根源;看到自己的缺点,是进入各种善念的大门。

"不为过"三字[①],昧却多少良心;"没奈何"三字[②],抹却多少体面。

〔注释〕

①不为过:不算过分。
②没奈何:没有办法。

〔译文〕

"不为过"这三个字,违背了多少良心;"没奈何"这三个字,抹却了多少体面。

品诣常看胜如我者,则愧耻自增;享用常看不如我者,则怨尤自泯。

〔译文〕

品行常看胜过我的人,那么羞愧自然会增加;享乐常看不如我的人,那么抱怨自然会泯灭。

家坐无聊,当思食力担夫,红尘赤日[①];官阶不达,尚有高才秀士,白首青襟[②]。

〔注释〕

①红尘:路上扬起的尘土。
②青襟:青色的衣襟,指没有中举。

〔译文〕

坐在家中无所事事,应该想想靠苦力吃饭的挑担子的人,正在经受飞起的尘土、火热的太阳;官场晋升不顺利,应该想想还有才能学问优秀的人头发都白了仍没有中举。

将啼饥者比,则得饱自乐;将号寒者比,则得暖自乐;将劳役者比,则优闲自乐;将疾病者比,则康健自乐;将祸患者比,则平安自乐;将死亡者比,则生存自乐。

〔译文〕

和因为饥饿而啼哭的人相比,那么能够吃饱自然快乐;和因为寒冷而哭嚎的人相比,那么能够得到温暖自然快乐;和劳苦做工的人相比,那么悠闲无事自然快乐;和生病的人相比,那么健康自然快乐;和遭遇灾难的人相比,那么平平安安自然快乐;和死去的人相比,那么活着自然快乐。

常思终天抱恨①,自不得不尽孝心;常思度日艰难,自不得不节费用;常思人命脆薄,自不得不惜精神;常思世态炎凉,自不得不奋志气;常思法网难漏,自不得不戒非为;常思身命易倾,自不得不忍气性。

〔注释〕

①恨:遗憾。

〔译文〕

经常想想父母亡故的时候会留有遗憾,自然不会不尽孝心;经常想想过日子的艰难,自然不会不节省花费;经常想想人的生命脆弱,自然不会不珍惜精力;经常想想人情世态的冷热无常,自然不会不振奋志气;经常想想法网难逃,自然不会不戒除错误的行为;经常想想身家性命倾倒无常,自然不会不克制自己的脾气。

以"媚"字奉亲①;以"淡"字交友;以"苟"字省费;以"拙"字免劳;以"聋"字止谤;以"盲"字远色;以"吝"字防口;以"病"字医淫;以"贪"字读书;以"疑"字穷理;以"刻"字责己;以"迂"字守礼;以"很"字立志;以"傲"字植骨;以"痴"字救贫;以"空"字解忧;以"弱"字御侮;以"悔"字改过;以"懒"字抑奔竞风②;以"惰"字屏尘俗事。

〔注释〕

①媚:迎合取悦。
②奔竞:奔走竞争,指追名逐利。

〔译文〕

　　侍奉父母要做到"媚"字;结交朋友要做到"淡"字;节省费用要做到"苟"字;免除劳苦要做到"拙"字;止息指责要做到"聋"字;远离美色要做到"盲"字;防止胡说要做到"喑"字;医治淫欲要做到"病"字;读书要做到"贪"字;穷究道理要做到"疑"字;要求自己要做到"刻"字;遵守礼教要做到"迂"字;树立志向要做到"很"字;养成骨气要做到"傲"字;救济贫苦要做到"痴"字;解除烦恼要做到"空"字;抵御侮辱要做到"弱"字;改正过错要做到"悔"字;抑制追名逐利要做到"懒"字;屏除世俗琐事要做到"惰"字。

　　对失意人,莫谈得意事;处得意日,莫忘失意时。

〔译文〕

　　面对失意的人,不要谈论得意的事情;处在得意的日子,不要忘了失意的时候。

　　贫贱是苦境,能善处者自乐;富贵是乐境,不善处者更苦。

〔译文〕

　　贫贱虽然是困苦的处境,但能够妥善面对的人自然会快乐;富贵虽然是快乐的处境,但不能正确处理的人会更加痛苦。

　　恩里由来生害,故快意时须早回头;败后或反成功,故拂心处莫便放手。

〔译文〕

　　恩宠中从来都容易产生祸害,因此得意的时候要早点回头放弃;失败后有时反而能成功,因此不顺心的时候不要立即放手不干。

　　深沉厚重,是第一等资质;磊落雄豪,是第二等资质;聪明才辩,是第三等资质。

〔译文〕

　　深沉、厚重,是最优秀的品质;磊落、雄豪,是次一等的品质;聪明、善辩,是再次一等的品质。

　　上士忘名;中士立名;下士窃名。

〔译文〕

　　上等人忘记名声;中等人树立名声;下等人盗取名声。

　　上士闭心;中士闭口;下士闭门。

〔译文〕

　　上等人能约束心性;中等人能约束言语;下等人只能关好家门。

　　好讦人者身必危,自甘为愚,适成其保身之智;好自夸者人多笑,自舞其智,适见其欺人之愚。

〔译文〕

　　喜欢攻讦别人的人一定危险,乐于愚钝,恰是保全自己的智慧;喜欢夸耀自己的人常被人笑话,炫耀自己的智慧,恰能看出他欺骗别人的愚蠢。

　　闲暇出于精勤;恬适出于祗惧①;无思出于能虑;大胆出于小心。

〔注释〕

　　①祗(zhī)惧:恭敬谨慎。

〔译文〕

　　闲暇是因为精心勤勉;安逸是因为恭敬谨慎;没有忧愁是因为考虑得周全;胆子大是因为细心。

　　平康之中有险阻焉;衽席之内有鸩毒焉①;衣食之间有祸败焉。

〔注释〕

　　①衽(rèn)席:这里指宴席。鸩(zhèn)毒:毒酒。

〔译文〕

　　平安之中有危险阻碍;宴席之中有毒酒;在穿衣吃饭这种日常生活中有灾祸。

　　居安虑危;处治思乱。

〔译文〕

　　处于安稳的时候要考虑到危险;处于安定的时候要考虑到混乱。

　　天下之势,以渐而成;天下之事,以积而固。

〔译文〕

　　天下的形势,是渐渐形成的;天下的事情,是积累而稳固的。

　　祸到休愁,也要会救;福来休喜,也要会受。

〔译文〕

　　灾祸到了不要忧愁,也要能够挽救;福气来了不要高兴,也要能够消受。

　　天欲祸人,先以微福骄之;天欲福人,先以微祸儆之①。

〔注释〕

　　①儆(jǐng):告诫。

〔译文〕

　　上天想要给人灾祸,先用微小的福气使他骄纵;上天想要给人福气,先用微小的灾祸警告他。

　　傲慢之人骤得通显,天将重刑之也;疏放之人艰于进取,天将曲赦之也。

〔译文〕

傲慢的人骤然得以通达显贵,上天将会重重地惩罚他;放纵的人转而艰难进取,上天将会特赦他。

小人亦有坦荡荡处,无忌惮是已;君子亦有长戚戚处①,"终身之忧"是已②。

〔注释〕

①戚戚:忧愁的样子。语出《论语·述而》:"子曰:'君子坦荡荡,小人长戚戚。'"

②终身之忧:为成为圣贤而担忧。语出《孟子·离娄下》:"是故君子有终身之忧,无一朝之患也。乃若所忧则有之:舜人也,我亦人也,舜为法于天下,可传于后世,我由未免为乡人也。"

〔译文〕

小人也有坦荡的时候,因为他们无所忌惮;君子也有忧伤的时候,因为担心无法成为圣人。

水,君子也,其性冲,其质白,其味淡,其为用也,可以浣不洁者而使洁,即沸汤中投以油,亦自分别而不相混,诚哉君子也;油,小人也,其性滑,其质腻,其味浓,其为用也,可以污洁者而使不洁,倘滚油中投以水,必至激搏而不相容,诚哉小人也!

〔译文〕

水是君子,它的性格谦和,它的质地洁白,它的味道平淡,它的用处是可以浣洗不干净的东西使其干净,即使把油投入沸水之中,也自相分别而不会混在一起,真是君子啊;油是小人,它的性格油滑,它的质地油腻,它的味道浓重,它的用处是可以污染干净的东西使其肮脏,如果把水投进滚热的油中,一定会四溅而不相容,真是小人啊!

凡阳必刚,刚必明,明则易知;凡阴必柔,柔必暗,暗则难测。

〔译文〕

凡是性属阳的事物一定刚强,刚强一定明亮,明亮就容易知晓;凡是性属阴的事物一定柔弱,柔弱一定阴暗,阴暗就难以探测。

称人以颜子[①],无不悦者,忘其贫贱而夭;指人以盗跖,无不怒者,忘其富贵而寿。

〔注释〕

①颜子:即颜回,是孔子的得意弟子,安贫乐道,不幸早亡。

〔译文〕

把人称作颜回,没有人不开心,是因为忘了他的贫贱和早夭;把人指作盗跖,没有不生气的,是因为忘了他的富贵和长寿。

事事难上难,举足常虞失坠;件件想一想,浑身都是过差。

〔译文〕

每件事都要把困难想得多一些,一举一动经常考虑会不会失足坠落;每件事都要认真想一想,从头到尾都会发现不妥当的地方。

怒宜实力消融[①];过要细心检点。

〔注释〕

①实力:用力。

〔译文〕

愤怒应该用力消退融化;错误要细心检查清点。

探理宜柔,优游涵泳,始可以自得;决欲宜刚,勇猛奋迅,始可以自新。

〔译文〕

探求天理要柔和,从容、深入地体会,才可以自有心得;断绝欲望要刚毅,勇猛迅速,才可以改过自新。

惩忿窒欲①,其象为"损"②,得力在一"忍"字;迁善改过③,其象为"益",得力在一"悔"字。

〔注释〕

①惩忿窒欲:抑制愤怒、堵塞欲望。语出《周易》的《损》卦《象传》:"山下有泽,损;君子以惩忿窒欲。"

②象:卦象。

③迁善改过:迁向善行、改正过错。语出《周易》的《益》卦《象传》:"风雷,益;君子以见善则迁,有过则改。"

〔译文〕

抑制愤怒、堵塞欲望,这个卦象是"损",关键在一个"忍"字;迁向善行、改正过错,这个卦象是"益",关键在一个"悔"字。

富贵如传舍①,惟谨慎可得久居;贫贱如敝衣,惟勤俭可以脱卸。

〔注释〕

①传舍:古时驿站的客舍。这里住客来来往往,见识过很多富贵无常。语出《汉书·盖诸葛刘郑孙毋将何传》:"然富贵无常,忽则易人,此如传舍,所阅多矣。唯谨慎为得久,君侯可不戒哉!"

〔译文〕

富贵就像驿站的客舍,只有谨慎才能住得长久;贫贱就像破旧的衣服,只有勤俭才能脱去。

俭则约,约则百善俱兴;侈则肆,肆则百恶俱纵。

〔译文〕

节俭就有所约束,有所约束,各种好事都会到来;奢侈就会放肆,一旦放肆,各种坏事都会发生。

奢者富不足,俭者贫有余;奢者心常贫,俭者心常富。

〔译文〕

奢侈的人不论多么富有都觉得不满足,节俭的人虽然贫穷却有富余;奢侈的人心中经常是贫穷的,贫穷的人心中经常是富有的。

贪饕以招辱,不若俭而守廉;干请以犯义①,不若俭而全节;侵牟以聚怨,不若俭而养心;放肆以遂欲,不若俭而安性。

〔注释〕

①干请:请托他人办事。

〔译文〕

贪婪以致招来侮辱,不如用节俭来保持清廉;请托以致有违道义,不如用节俭来保全气节;侵犯掠夺以致聚集埋怨,不如用节俭来修养心性;为了满足欲望为所欲为,不如用节俭来安定性情。

静坐,然后知平日之气浮;守默,然后知平日之言躁;省事,然后知平日之心忙;闭户,然后知平日之交滥;寡欲,然后知平日之病多;近情,然后知平日之念刻。

〔译文〕

静默安坐,然后才能知道平日里性情的浮躁;保持静默,然后才能知道平日里言语的急躁;减省事务,然后才能知道平日里心态的忙碌;关上大门,然后才能知道平日里交友毫无选择;节制欲望,然后才能知道平日里身体多病;切近人情,然后才能知道平日里想法刻薄。

无病之身不知其乐也,病生始知无病之乐;无事之家不知其福也,事至始知无事之福。

〔译文〕

身体没病不知道没病的快乐,生病了才知道没病的快乐;家里没事不知道没事的幸福,事情来了才知道没事的幸福。

欲心正炽时,一念着病,兴似寒冰;利心正炽时,一想到死,味同嚼蜡。

〔译文〕

心中欲望正炽热时,一想到生病,兴致就像遇到寒冰一样消失了;对利益的渴望正炽热时,一想到死亡,对利益就毫无兴趣了。

有一乐境界,即有一不乐者相对待;有一好光景,便有一不好的相乘除。

〔译文〕

有一个高兴的地方,就有一个不高兴的地方在等着;有一个好的景象,就有一个不好的与之相抵消。

事不可做尽;言不可道尽;势不可倚尽;福不可享尽。

〔译文〕

做事要留有余地;说话要留有余地;势力不能倚靠尽了;福气不能享受尽了。

不可吃尽,不可穿尽,不可说尽;又要懂得,又要做得,又要耐得。

〔译文〕

吃不能吃尽,穿不能穿尽,话不能说尽;又要懂得道理,又要能做事情,又要能够忍耐。

难消之味休食;难得之物休蓄;难酬之恩休受;难久之友休交;难再之时休失;难守之财休积;难雪之谤休辩;难释之忿休较。

〔译文〕

难以消化的食物不要吃;难以得到的东西不要储藏;难以酬答的恩惠不要接受;难以长久的朋友不要交往;难以再来的时机

不要错失;难以守住的财物不要积累;难以洗刷的指责不要辩驳;难以释放的愤怒不要计较。

饭休不嚼便咽;路休不看便走;话休不想便说;事休不思便做;财休不审便取;气休不忍便动;友休不择便交。

〔译文〕

饭不要不嚼就咽;路不要不看就走;话不要不想就说;事不要不想就做;财不要不审视就拿;气不要不忍耐就生;友不要不选择就交。

为善如负重登山,志虽已确,而力犹恐不及;为恶如乘骏走坂①,鞭虽不加,而足不禁其前。

〔注释〕

①坂(bǎn):斜坡,这里指下坡。

〔译文〕

做好事就像担负着重物登山,志向虽然已经明确,但力量不一定能达到;做坏事就像骑着骏马走下坡路,虽然不用加鞭子抽打,但马蹄禁不住向前。

防欲如挽逆水之舟,才歇手便下流;力善如缘无枝之树,才住脚便下坠。

〔译文〕

防止欲望就像牵引逆水而行的船,一停手就往下流去;做善事就像攀爬没有树枝的树,一停住脚就往下坠落。

胆欲大,心欲小;智欲圆,行欲方。

〔译文〕

胆量要大,心思要细;思虑要周全,行事要端正。

真圣贤决非迂腐;真豪杰断不粗疏。

〔译文〕

真正的圣贤绝对不是迂腐的人;真正的豪杰绝对不是粗疏的人。

龙吟虎啸,凤翥鸾翔[1],大丈夫之气象;蚕茧蛛丝,蚁封蚓结[2],儿女子之经营[3]。

〔注释〕

[1]翥(zhù):飞翔、高飞。鸾(luán):一种传说中的神鸟。

②封:堆土。结:弯曲。

③儿女子:孩子、妇女。

〔译文〕

龙、虎大声地吟啸,凤、鸾高高地飞翔,这是大丈夫的气象;蚕儿结茧、蜘蛛吐丝、蚂蚁堆土、蚯蚓屈身,这是妇孺之辈做的事。

格格不吐①,刺刺不休②,总是一般语病,请以莺歌燕语疗之;恋恋不舍,忽忽若忘,各有一种情痴③,当以鸢飞鱼跃化之。

〔注释〕

①格格不吐:指讲话吞吞吐吐。

②刺刺:话多的样子。

③情痴:在感情方面特别痴心的人。

〔译文〕

说话吞吞吐吐或者喋喋不休,都同样有语病,请用黄鹂鸟的歌声、燕子的叫声这些美好的声音去治疗;感情上恋恋不舍,或者很快就忘记了,都一样是情痴,应该用老鹰翱翔、鱼儿跳跃这些自由灵动的感情去感化。

问消息于蓍龟①,疑团空结;祈福祉于奥灶②,奢想徒劳。

〔注释〕

①蓍(shī)龟:蓍草、龟甲,都是古人占卜的用具,这里指占卜。

②奥灶:指神灵。奥,屋内的西南角。灶,灶台。奥、灶都是祭神的地方。

〔译文〕

通过占卜询问消息,凭空产生疑惑的谜团;向神灵祈求好运,是毫无用处的空想。

谦,美德也,过谦者怀诈;默,懿行也①,过默者藏奸。

〔注释〕

①懿(yì):美好。

〔译文〕

谦虚是一种美德,过于谦虚的人心怀狡诈;沉默是一种高尚的品行,过于沉默的人心中藏着奸邪。

直不犯祸;和不害义。

〔译文〕

正直不会造成祸害;和善不会损害道义。

圆融者无诡随之态①;精细者无苛察之心;方正者无乖拂之失②;沉默者无阴险之术;诚笃者无椎鲁之累③;光明者无浅露之病;劲直者无径情之偏;执持者无拘泥之迹;敏炼者无轻浮之状。

〔注释〕

①诡随:不顾是非而曲意迎合。
②乖拂:违背、违逆。
③椎鲁:蠢笨迟钝。

〔译文〕

智慧融通的人并没有曲意迎合的态度;精心细致的人并没有过于苛刻的心思;品行端正的人并没有违逆的错误;沉默少言的人并没有阴险的心术;诚信厚道的人并没有蠢笨的拖累;光明磊落的人并没有肤浅的毛病;刚劲正直的人并没有任性的偏颇;有操守的人并没有拘泥顽固的迹象;聪敏干练的人并没有轻浮的样子。

才不足则多谋;识不足则多事;威不足则多怒;信不

足则多言;勇不足则多劳;明不足则多察;理不足则多辩;情不足则多仪。

〔译文〕

才能不足就会计谋多;见识不足就会做不该做的事;威信不足就怒气多;诚信不足就话语多;勇气不足就辛劳多;明智不足就会反复观察;道理不足就辩论多;感情不足就礼节多。

私恩煦感①,仁之贼也;直往轻担,义之贼也;足恭伪态,礼之贼也;苛察歧疑,智之贼也;苟约固守,信之贼也。

〔注释〕

①私恩:私人的恩惠,与"公义"相对。煦:温暖。

〔译文〕

用私人的恩惠去温暖感化他人,是对仁的伤害;直接去选最轻的担子,是对义的伤害;过分谦恭、惺惺作态,是对礼的伤害;苛刻考察、另生疑义,是对智的伤害;随意约定又固守不变,是对信的伤害。

有杀之为仁、生之为不仁者;有取之为义、与之为不义者;有卑之为礼、尊之为非礼者;有不知为智、知之为不智者;有违言为信、践言为非信者。

〔译文〕

有的人,杀了他是仁,让他活着是不仁;有的东西,自己拿了是义,把它给人是不义;有的人,不尊敬他是礼,尊敬他是非礼;有的事,不知道是智,知道是不智;有的事,违背诺言是信,践行诺言是非信。

愚忠愚孝,实能维天地纲常,惜不遇圣人裁成①,未尝入室②;大诈大奸,偏会建世间功业,倘非有英主驾驭,终必跳梁。

〔注释〕

①裁成:教育、栽培使其有所成就。
②入室:学问达到精深的境界。语出《论语·先进》:"由也升堂矣,未入于室也。"

〔译文〕

愚忠愚孝的人,其实能够维持天地间的纲常,可惜的是没有遇到圣人去成就栽培他们,因而没有能够更为精进;大诈大奸之人,偏偏会建立人世间的功业,如果没有英明的君主控制,最终必将横行一时。

知其不可为而遂委心任之者,达人智士之见也;知其不可为而犹竭力图之者,忠臣孝子之心也。

〔译文〕

知道事情做不成,于是随其自然、放任自流,是通达之人、智慧之人的见解;知道事情做不成,还是竭尽全力争取成功,这是忠臣、孝子的想法。

小人只怕他有才,有才以济之,流害无穷;君子只怕他无才,无才以行之,虽贤何补?

〔译文〕

小人就怕他有才能,如果去辅助他,造成的祸害是无穷的;君子就怕他没有才能,如果他要去做事,虽然有德行又有什么用呢?

摄生(附)

[题解]

　　摄生,为保养身体之意。如果说前一篇《持躬》着重于个人心态的健康,那么其附篇《摄生》则侧重于如何保持外在身体的健康,即如何少生疾病、延年益寿。盖因作者搜罗的内容有限,此类格言又非本书的重点,故附于《持躬》篇之后。首联可以视作本篇的纲领,其将"病"分为身体上的病和心理上的病两类,身体上的病痛是由风寒、饮食等外部因素造成的,而心理上的病一方面可能由对权力、金钱、美色等过度的欲望引起,另一方面可能是由于气量狭窄,为人为事所困扰烦恼,本篇所收的不少格言属于后一类,因此也就与"持躬"关系更为密切。

　　慎风寒,节饮食,是从吾身上却病法;寡嗜欲,戒烦恼,是从吾心上却病法。

[译文]

　　小心风寒,节制饮食,是从我的身体上祛除病痛的方法;节制欲望,戒除烦恼,是从我的心中祛除病痛的方法。

少思虑以养心气;寡色欲以养肾气;勿妄动以养骨气;戒嗔怒以养肝气;薄滋味以养胃气;省言语以养神气;多读书以养胆气;顺时令以养元气。

〔译文〕

减少思虑来养心气;减少色欲来养肾气;不要随意乱动来养骨气;戒除嗔怒来养肝气;清淡饮食来养胃气;减省言语来养神气;多读书来养胆气;顺应时令来养元气。

忧愁则气结;忿怒则气逆;恐惧则气陷;拘迫则气郁;急遽则气耗。

〔译文〕

忧愁,体内的气就凝聚不行;愤怒,体内的气就抵触不顺;恐惧,体内的气就下沉陷落;拘束窘迫,体内的气就郁结不畅;急迫匆忙,体内的气就消耗殆尽。

行欲徐而稳①;立欲定而恭;坐欲端而正;声欲低而和。

〔注释〕

①欲:应该。

〔译文〕

　　走路要缓慢平稳;站立要稳定恭谨;坐着要端端正正;说话要低声温和。

　　心神欲静,骨力欲动;胸怀欲开,筋骸欲硬;脊梁欲直,肠胃欲净;舌端欲卷①,脚跟欲定;耳目欲清,精魂欲正。

〔注释〕

　　①舌端欲卷:舌尖要卷,卷舌有闭口不言之意。

〔译文〕

　　心思精神要平静,身体要运动;胸怀要开阔,筋骨要坚固;脊梁要挺直,肠胃要干净;舌尖要常卷,脚跟要站定;耳朵眼睛要清明,精神魂魄要纯正。

　　多静坐以收心;寡酒色以清心;去嗜欲以养心;玩古训以警心;悟至理以明心。

〔译文〕

　　多静坐以收敛心性;少酒色以清静心性;去除欲望以修养心性;玩味古训以警醒心性;参悟真理以明亮心性。

宠辱不惊,肝木自宁①;动静以敬,心火自定;饮食有节,脾土不泄;调息寡言,肺金自全;恬淡寡欲,肾水自足。

〔注释〕

①肝木:肝。按五行学说,肝属木,心属火,脾属土,肺属金,肾属水,故有肝木、心火、脾土、肺金、肾水之称。

〔译文〕

把宠辱都置之度外,肝脏自然安宁;动或静都慎重,心脏自然安定;吃喝有所节制,脾胃就少生病;调匀气息少说话,益于保全肺脏;淡泊少欲,肾脏的功能才能健全。

道生于安静;德生于卑退;福生于清俭;命生于和畅。

〔译文〕

道理来自安安静静;德行来自谦卑退让;福气来自清廉节俭;生命来自和顺舒畅。

天地不可一日无和气①;人心不可一日无喜神。

〔注释〕

①和气:天地间阳气、阴气相互作用中和而成的气。语出《老子》:"万

物负阴而抱阳,冲气以为和。"

〔译文〕

天地间不可以一天没有和气;人心中不可以一天没有喜悦的情绪。

"拙"字可以寡过;"缓"字可以免悔;"退"字可以远祸;"苟"字可以养福;"静"字可以益寿。

〔译文〕

"拙"这个字可以减少过错;"缓"这个字可以避免后悔;"退"这个字可以远离祸端;"苟"这个字可以保持福分;"静"这个字可以增加寿命。

毋以妄心戕真心;勿以客气伤元气①。

〔注释〕

①客气:中医术语,指邪气。

〔译文〕

不要因为虚妄的心伤害本真的心;不要因为邪气伤害了正气。

拂意处要遣得过;清苦日要守得过;非理来要受得过;忿怒时要耐得过;嗜欲生要忍得过。

〔译文〕

不如意的地方要排遣得了;清苦的日子要坚守得住;遇到不讲道理的人要忍受得了;愤怒的时候要忍耐得了;有过分的欲望时要压制得了。

言语知节,则愆尤少①;举动知节,则悔吝少;爱慕知节,则营求少;欢乐知节,则祸败少;饮食知节,则疾病少。

〔注释〕

①愆(qiān)尤:过错。

〔译文〕

说话有节制,那么犯错误就少;行为有节制,那么悔恨就少;爱慕有节制,那么经营索求就少;欢乐有节制,那么灾祸就少;饮食有节制,那么生病就少。

人知言语足以彰吾德,而不知慎言语乃所以养吾德;人知饮食足以益吾身,而不知节饮食乃所以养吾身。

〔译文〕

  人们知道足够的言语能够彰显我的德行,却不知道谨慎的言语才能涵养我的德行;人们知道足够的饮食对我的身体有好处,却不知道节制饮食才能保养我的身体。

  闹时炼心;静时养心;坐时守心;行时验心;言时省心;动时制心。

〔译文〕

  喧闹时磨炼心神;安静时修养心神;坐着时坚守心神;行走时考验心神;说话时节省心神;活动时控制心神。

  荣枯倚伏,寸田自开惠逆[①],何须历问塞翁[②];修短参差,四体自造彭殇[③],似难专咎司命[④]。

〔注释〕

 ①寸田:心田。惠:顺利。
 ②塞翁:寓言中一位善于预测吉凶的老翁。语出《淮南子》"塞翁失马"的典故。
 ③彭殇:长寿还是短命。彭,指传说中的彭祖,活了八百岁。殇,未到成年就死去。
 ④司命:掌管生命的神。

〔译文〕

　　命运的盛衰变化,心中自然知道是顺还是逆,何必一遍遍去问塞翁是福是祸呢;寿命长短不一,身体自然造成了寿命的长短,好像不能完全责怪司命。

　　节欲以驱二竖①;修身以屈三彭②;安贫以听五鬼③;息机以弭六贼④。

〔注释〕

　　①二竖:指疾病。
　　②三彭:指在人体作祟的三尸神,彭姓。
　　③五鬼:指智、学、文、命、交这五个穷鬼。
　　④六贼:指色、声、香、味、触、法,能乱人心性。

〔译文〕

　　节制欲望,去驱除病魔;修养身体,让损害身体的鬼神屈服;安于贫穷,任凭穷鬼叫嚷;熄灭功利之心,让心性平和。

　　衰后罪孽,都是盛时作的;老来疾病,都是壮年招的。

〔译文〕

　　衰老后遭受的罪孽,都是盛年时造成的;老年时得的病,都是壮年时造成的。

败德之事非一,而酗酒者德必败;伤生之事非一,而好色者生必伤。

〔译文〕

败坏德行的行为有很多,但酗酒的人的德行必然败坏;伤害身体的行为有很多,但好色的人的身体必然受伤害。

木有根则荣,根坏则枯;鱼有水则活,水涸则死;灯有膏则明①,膏尽则灭;人有真精,保之则寿,戕之则夭。

〔注释〕

①膏:指灯油。

〔译文〕

树木有根就会繁茂,根坏了就会枯萎;鱼有水就会活,水干了就会死;灯有灯油就会亮,灯油没有了就会熄灭;人有真精,保有它就长寿,伤害它就会早亡。

敦 品

〔题解〕

  此篇所收格言，重在教人养成高尚的品行，也就是如何成为一个君子。君子具备诸多高尚的品德，如谦和、宽容、勤俭、悲悯、知恩图报等，这些高尚的品德体现在具体的社会场景中，比如怎么对待上级、怎么对待下级、贫穷时怎样做、富贵时又怎样做，这些高尚的品德也体现在思想的纯洁、善良，即心无恶念。君子之所以成为君子，既包含个人的一言一行符合道德规范，也强调在君子的带领下，整个家庭风清气正，因为一个家庭风气的形成，关键在于一家之主能否制定严谨的家规并以身作则。

  欲做精金美玉的人品，定从烈火中锻来；思立揭地掀天的事功，须向薄冰上履过。

〔译文〕

  要有像精金美玉那样纯洁高尚的人品，一定要在烈火中锻造过才能实现；想要建立惊天动地的功业，一定要从薄冰上小心翼翼走过。

人以品为重,若有一点卑污之心,便非顶天立地汉子;品以行为主,若有一件愧怍之事,即非泰山北斗品格①。

〔注释〕

①泰山北斗:泰山、北斗都指德高望重的人。

〔译文〕

人最重要的是品行,如果有一点点卑鄙污秽的想法,就不是顶天立地的男子汉;品行最主要的是行为,如果做了一件惭愧的事,就不是泰山北斗那样的品格。

人争求荣乎,就其求之之时,已极人间之辱;人争恃宠乎,就其恃之之时,已极人间之贱。

〔译文〕

人们争着去追求荣华,就在他追求荣华的时候,已经经历了人世间极致的耻辱;人们争着去依靠权贵宠爱,就在他依靠权贵宠爱的时候,已经经历了人世间极致的卑贱。

丈夫之高华,只在于道德气节;鄙夫之炫耀,但求诸服饰起居。

〔译文〕

大丈夫的高贵,只在于他的道德气节;俗人的夸耀,只在于追求服饰、起居的华丽。

阿谀取容①,男子耻为妾妇之道;本真不凿,大人不失赤子之心②。

〔注释〕

①取容:取悦。
②大人:成年人。赤子:婴儿。

〔译文〕

阿谀奉承、取悦讨好,男人以使用这些妇人的方法为羞耻;本真不被破坏,成人没有失去孩子纯真的心。

君子之事上也必忠以敬,其接下也必谦以和;小人之事上也必谄以媚,其待下也必傲以忽。

〔译文〕

君子侍奉尊长,一定忠诚、恭敬,对待身份地位不如自己的人,一定谦虚、和善;小人侍奉尊长,一定奉承、谄媚,对待身份地位不如自己的人,一定傲慢无礼。

立朝不是好官人,由居家不是好处士①;平素不是好处士,由小时不是好学生。

〔注释〕

①处士:没做过官的人。

〔译文〕

立于朝廷之上,不是好的官员,是因为未仕在家时不是好处士;平时不是好处士,是因为小时候不是好学生。

做秀才如处子,要怕人;既入仕如媳妇,要养人;归林下如阿婆①,要教人。

〔注释〕

①归林下:回到树林下,指归隐。

〔译文〕

做秀才时像小姑娘,要害怕别人;当官后像媳妇,要养育别人;归隐山林时像老阿婆,要教导别人。

贫贱时眼中不着富贵,他日得志必不骄;富贵时意中不忘贫贱,一旦退休必不怨。

〔译文〕

　　贫贱时眼中不艳美富贵的生活,等志愿得偿的时候一定不会骄傲;富贵时心中不忘贫贱的日子,等退休的时候一定不会抱怨。

　　贵人之前莫言贱,彼将谓我求其荐;富人之前莫言贫,彼将谓我求其怜。

〔译文〕

　　在地位高贵的人面前不要说自己地位低贱,他会以为我是乞求他推荐;在富有的人面前不要说贫穷,他会以为是乞求他怜悯。

　　小人专望受人恩,受过辄忘;君子不轻受人恩,受则必报。

〔译文〕

　　小人专门指望受到别人的恩惠,得到恩惠就忘了;君子不轻易接受别人的恩惠,得到恩惠一定要报答。

　　处众以和,贵有强毅不可夺之力;持己以正,贵有圆通不可拘之权①。

〔注释〕

①权:变通。

〔译文〕

要用和气与别人相处,宝贵的是拥有坚毅不可被改变的节操;要用正气修身,宝贵的是处事圆润通融不拘泥,懂得变通。

使人有面前之誉,不若使人无背后之毁;使人有乍处之欢,不若使人无久处之厌。

〔译文〕

让人得到面前的赞誉,不如让人免遭背后诋毁;让人有刚刚相处时的快乐,不如让人没有长久相处的厌恶。

媚若九尾狐①,巧如百舌鸟②,哀哉羞此七尺之躯;暴同三足虎③,毒比两头蛇④,惜也坏尔方寸之地⑤。

〔注释〕

①九尾狐:九条尾巴的狐狸,是一种传说中的奇兽,后比喻为人谄媚奸诈。

②百舌鸟:即乌鸫(dōng),叫声动听,这里比喻巧舌如簧。

③三足虎：《太平广记》引《异苑》，晋时豫章郡吏易拔变成三足大虎。

④两头蛇：一种尾部花纹与头部近似的蛇，无毒。古时视其为不吉之物，《新序》："吾闻见两头之蛇者死。"也用来比喻心肠狠毒。

⑤方寸之地：很小的地方，指人心。

〔译文〕

比九尾狐还妖媚，比百舌鸟还乖巧，可悲啊，七尺身躯为之蒙羞；比三足虎还残暴，比两头蛇还恶毒，可惜了，你的心毁坏了。

到处伛偻①，笑伊首何仇于天、何亲于地②？终朝筹算③，问尔心何轻于命、何重于财？

〔注释〕

①伛(yǔ)偻(lǚ)：低头弯腰的样子，指过于谄媚迎合。

②伊：你。何仇于天、何亲于地：因伛偻低头，头离天更远、离地更近，故有此笑言。

③筹算：算计，谋划。

〔译文〕

到处低头弯腰，笑问你的头为什么和天有仇怨、和地这么亲近？整天算计谋划，问问你的心为什么轻视生命、重视钱财？

富儿因求宦倾赀①;污吏以黩货失职②。

〔注释〕

①赀(zī):钱财。
②黩(dú)货:贪污受贿。

〔译文〕

富家子弟因为求官倾尽钱财;贪官污吏因为贪求贿赂没有尽到职责。

亲兄弟析箸①,璧合翻作瓜分;士大夫爱钱,书香化为铜臭。

〔注释〕

①析箸(zhù):分筷子,指分家。

〔译文〕

亲兄弟闹分家,两璧相合的好事反转为瓜分财产;士大夫贪恋钱财,书籍的香气变成了铜钱的臭气。

士大夫当为子孙造福,不当为子孙求福。谨家规、崇俭朴、教耕读、积阴德,此造福也;广田宅、结姻援、争什一①、鹜功名②,此求福也。造福者,淡而长;求福者,浓而短。士大夫当为此生惜名,不当为此生市名③。敦《诗》《书》、尚气节、慎取与、谨威仪,此惜名也;竞标榜④、邀权贵、务矫激、习模棱,此市名也。惜名者,静而休;市名者,躁而拙。士大夫当为一家用财,不当为一家伤财。济宗党、广束脩⑤、救荒歉、助义举,此用财也;靡苑囿、教歌舞、奢燕会、聚宝玩,此伤财也。用财者,损而盈;伤财者,满而覆。士大夫当为天下养身,不当为天下惜身。省嗜欲、减思虑、戒忿怒、节饮食,此养身也;规利害、避劳怨、营窟宅、守妻子,此惜身也。养身者,啬而大;惜身者,膻而细。

〔注释〕

①什一:以十分本钱,赚得一分利润。争什一,指经商牟利。语出《史记·越王勾践世家》:"逐什一之利。"

②鬻(yù):这里指买。

③市名:求取名声。

④标榜:夸耀。

⑤束脩(xiū):十条干肉捆为一捆即为束脩,古时学生将其送给老师作为学费,这里泛指教育。

〔译文〕

　　士大夫应该为后世子孙造福,不应该为后世子孙求福。制定严格的家规,崇尚简朴,传授耕读之法,积累阴德,这些是造福;扩大田地、住宅,攀附高贵的姻亲,追逐经济利益,买来功名,这些是求福。造福,平淡而长远;求福,浓烈而短暂。士大夫应该为这一生惜名,不应该为这一生求名。诚恳地阅读学习《诗》《书》,崇尚气节,谨慎地接受给予,庄重仪容举止,这是惜名;竞相标榜,攀附权贵,标新立异,不辨是非,这是求名。惜名的人,心中宁静而安适;求名的人,内心躁动而笨拙。士大夫应该为一个家族合理地使用钱财,不应该为一个家族浪费钱财。帮助宗族乡党,扩大教育,救济灾荒,奖励善行,这是合理使用钱财;营建奢靡的园林,教习歌舞表演,筹办奢华的宴会,聚集奇珍异宝,这是浪费钱财。能合理使用钱财的人,虽然钱财减少了但内心丰盈;浪费钱财的人,就如容器满溢之后终将倾覆。士大夫应该为全天下保养身体,不应该为全天下吝惜身体。抑制欲望,减少思虑,戒除愤怒,节制饮食,这是保养身体;趋利避害,逃避劳怨,守在妻子儿女身边,这是吝惜身体。保养身体的人,节俭而且心胸宽大;吝惜身体的人,膻臭难闻而且心胸狭窄。

处　事

〔题解〕

　　此篇所收格言，涉及为人处世的具体方法，颇为细致。事情有轻重缓急之分，也有难易公私之别，有的事情是自己要处理，有的事情是旁观他人处理，有的事情则是代人处理。面对每一件具体的事情，君子有君子的做法，小人有小人的做法，如何摆正心态、掌握尺度，从容应对，使之既合乎天理，又顺应人情，此篇的格言都有所提及。其基本的原则是，面对大事、难事的时候要有平常心，无事或者面对小事、容易的事的时候要有足够的谨慎和警惕，设身处地为他人着想，日积月累，功不唐捐。

处难处之事愈宜宽；处难处之人愈宜厚；处至急之事愈宜缓；处至大之事愈宜平；处疑难之际愈宜无意。

〔译文〕

　　处理难以处理的事情，更应该宽宏；交往难以相处的人，更应该宽厚；处理很急的事情，更应该从容不迫；处理很大的事情，更应该平稳;处于疑难的时候,更应该不加己意公平以待。

无事时常照管此心,兢兢然若有事;有事时却放下此心,坦坦然若无事。无事如有事提防,才可弭意外之变;有事如无事镇定,方可消局中之危。

〔译文〕

没有事情的时候,要经常照料、管理这颗心,小心谨慎就好像有事一样;遇到事情的时候却要放下这颗心,坦坦荡荡就好像没有事情一样。没事的时候像有事一样提防,才能应对消弭意外的变化;有事的时候像没事一样镇定,才可以消除其中的危险。

当平常之日,应小事宜以应大事之心应之,盖天理无小,即人事观之,便有一个邪正,不可忽慢苟简,须审理之邪正以应之方可;及变故之来,处大事宜以处小事之心处之,盖人事虽大,自天理观之,只有一个是非,不可惊惶失措,但凭理之是非以处之便得。

〔译文〕

在平常的日子,应对小事应该用应对大事的心态去应对,天理没有小的,用人间事去看它,就有一个邪还是正的问题,不能轻慢草率,要探究天理的邪正去应对它才可以;到了发生变故的

处事 | 115

时候,处理大事应该用处理小事的心态去处理,人间事虽然大,用天理去观察它,只有唯一一个是非结论,不能惊慌失措,只要依据天理的是非去处理它就可以了。

缓事宜急干,敏则有功;急事宜缓办,忙则多错。

〔译文〕

不急的事情应该抓紧做,疾速就能取得成功;着急的事情应该慢慢做,忙乱就容易出很多差错。

不自反者,看不出一身病痛;不耐烦者,做不成一件事业。

〔译文〕

不自我反省的人,看不出来自己一身的毛病;没有耐心的人,做不成一件事。

日日行,不怕千万里;常常做,不怕千万事。

〔译文〕

日复一日地走,不怕路有千万里那么长;经常去做,不怕有千万件事要做。

必有容,德乃大;必有忍,事乃济。

〔译文〕

一定要宽容,德行才能宏大;一定要忍耐,事情才能做成。

过去事,丢得一节是一节;现在事,了得一节是一节;未来事,省得一节是一节。

〔译文〕

过去的事情,丢掉一点是一点;现在的事情,做完一点是一点;以后的事情,能少一点是一点。

强不知以为知①,此乃大愚;本无事而生事,是谓薄福。

〔注释〕

①强(qiǎng):勉强。

〔译文〕

不知道却硬要装作知道,这是很愚蠢的;本来没有事却要制造事端,这是福气微薄。

居处必先精勤①,乃能闲暇;凡事务求停妥,然后逍遥。

〔注释〕

①居处:日常生活。

〔译文〕

日常生活一定要首先勤勉,才能悠闲从容;任何事情一定要追求稳妥,然后才能逍遥自在。

天下最有受用,是一"闲"字,"闲"字要从勤中得来;天下最讨便宜,是一"勤"字,"勤"字要从闲中做出。

〔译文〕

天底下最舒服的,是一个"闲"字,"闲"字要靠勤劳来取得;天底下最占便宜的,是一个"勤"字,"勤"字要利用闲散的时间做出来。

自己做事,切须不可迂滞,不可反复,不可琐碎;代人做事,极要耐得迂滞,耐得反复,耐得琐碎。

〔译文〕

自己做事情,一定不能迂阔,不能反反复复,不能烦琐细碎;为别人做事情,特别要忍耐得了迂阔,忍耐得了反反复复,忍耐得了烦琐细碎。

谋人事如己事,而后虑之也审;谋己事如人事,而后见之也明。

〔译文〕

考虑别人的事情就像自己的事情一样,然后就会考虑得仔细;考虑自己的事情就像别人的事情一样,然后见解就分明了。

无心者公;无我者明。

〔译文〕

没有私心的人是公正的;没有自我的人是明辨的。

置其身于是非之外,而后可以折是非之中;置其身于利害之外,而后可以观利害之变。

〔译文〕

把自己的位置放在是非之外,然后能够客观地评断是非;把自己的位置放在利害之外,然后能够审视利害的变化。

任事者,当置身利害之外;建言者,当设身利害之中。

〔译文〕

办理事情的人,应该把自己置身利害之外;提建议的人,应该把自己置身利害之中。

无事时戒一"偷"字①;有事时戒一"乱"字。

〔注释〕

①偷:偷闲,懒惰。

〔译文〕

没有事的时候要戒除一个"偷"字;有事情的时候要戒除一个"乱"字。

将事而能弭①,遇事而能救,既事而能挽,此之谓"达权"②,此之谓"才";未事而知来,始事而要终③,定事而知变,此之谓"长虑",此之谓"识"。

〔注释〕

①弭(mǐ):平息。
②达权:随机应变。
③要终:探求结果。

〔译文〕

事情要来时能平息,遇到事情时能补救,事情发生了能挽回,这称得上随机应变,这称得上有才干;没有事情时知道事情要来,事情开始时能知道结果,事情平息了能知道以后的变化,这称得上深谋远虑,这称得上有见识。

提得起,放得下;算得到,做得完;看得破,撇得开。

〔译文〕

能提得起来,能放得下去;能算计得到,能完成得了;能考虑得透彻,能丢到一边。

救已败之事者,如驭临崖之马,休轻策一鞭;图垂成之功者,如挽上滩之舟,莫少停一棹。

〔译文〕

挽救已经失败的事情,像驾驭临近悬崖的马,不要轻易挥出一鞭;谋求即将完成的功业,像挽回到达浅滩的船,不要少划一桨。

以真实肝胆待人,事虽未必成功,日后人必见我之肝胆;以诈伪心肠处事,人即一时受惑,日后人必见我之

处事 | 121

心肠。

〔译文〕

真心实意地对待别人，事情虽然不一定能够成功，日后别人一定会看到我的真心实意；虚心假意地办事，别人即使一时受到迷惑，日后别人一定会看到我的虚心假意。

天下无不可化之人，但恐诚心未至；天下无不可为之事，只怕立志不坚。

〔译文〕

天底下没有不可以感化的人，只是恐怕诚心还没有到；天底下没有不可以做的事，只是担心立下的志向不坚定。

处人不可任己意，要悉人之情；处事不可任己见，要悉事之理。

〔译文〕

与人相处不能任凭自己的意愿，要了解别人的想法；办事不能任凭自己的观点，要了解事情的规律。

见事贵乎理明；处事贵乎心公。

〔译文〕

辨别事情贵在明白事理;做事贵在心中公正。

于天理汲汲者①,于人欲必淡;于私事耽耽者②,于公务必疏;于虚文熠熠者③,于本实必薄。

〔注释〕

①汲汲:急切貌。
②耽耽:贪婪貌。
③虚文:空洞的文字,指繁文缛节。熠熠:明亮貌。

〔译文〕

对于天理急切追求的人,对于欲望必然淡泊;对于自己的事情特别在意的人,对于公事必然疏忽;对于虚头巴脑的事特别在意的人,对于事情的实质必然关注得少。

君子当事,则小人皆为君子,至此不为君子,真小人也;小人当事,则中人皆为小人,至此不为小人,真君子也。

〔译文〕

君子掌权,那么小人都会成为君子,在这种情况下还不做君子的人,是真小人;小人掌权,那么普通人都会成为小人,在这种情况下还不做小人的人,是真君子。

居官先厚民风;处事先求大体。

〔译文〕

做官要先使民风淳厚;做事情要先探求主要情况。

论人当节取其长,曲谅其短;做事必先审其害,后计其利。

〔译文〕

议论别人应该选取他的优点,宽容他的缺点;做事情一定要先弄清楚它的坏处,然后考虑它的好处。

小人处事,于利合者为利,于利背者为害;君子处事,于义合者为利,于义背者为害。

〔译文〕

小人做事情,合乎利益的是有利,违背利益的是有害;君子做事情,合乎道义的是有利,违背道义的是有害。

只人情世故熟了,甚么大事做不到;只天理人心合了,甚么好事做不成。

〔译文〕

只要熟悉了人情世故,有什么大事做不成呢;只要合乎了天理人心,有什么好事做不成呢。

只一事不留心,便有一事不得其理;只一物不留心,便有一物不得其所。

〔译文〕

只要有一件事没认真想,就有一件事不知道其中的道理;只要对一个物件没小心处置,就有一个物件不能放到其正确的地方。

事到手,且莫急,便要缓缓想;想得时,切莫缓,便要急急行。

〔译文〕

事情在手上时,一定不要着急,要静心细想;考虑得成熟了,一定不要迟疑,要抓紧去做。

事有机缘,不先不后,刚刚凑巧;命若蹭蹬①,走来走去,步步踏空。

〔注释〕

①蹭蹬:倒霉。

〔译文〕

事情如果有机缘,就会不早也不晚,刚好凑巧做成;运气如果不好,走来走去,步步都会踏空。

接　物

[题解]

　　此篇所收格言,讲的主要是与人相处之道。其中最重要的,是能够做到宽容、忍让。人无完人,每个人都有自己的优点,也都有自己的缺点,这些格言强调,与人相处要注重学习别人的长处、优点,而且尤其要注意,在学习别人的善行时,不要追问他行善的原因,也就是不要苛求别人做到绝对的善。对别人的错误,要多宽容、少非议,也就是"宽以待人,严以律己"。做到"宽以待人,严以律己",需要学会换位思考,在想要非议别人的时候,要设身处地地想一想,如果我是他,我会做得比他好吗?这样就可以产生同情与理解之心。

　　事系暧昧①,要思回护他,着不得一点攻讦的念头;人属寒微,要思矜礼他,着不得一毫傲睨的气象②。

[注释]

　　①暧昧:不光明,不方便公开。

②睨(nì):斜视。

〔译文〕

　　事情涉及隐私,要想到维护他,不能有一点揭发公开的想法;其人地位寒微,要想到同情礼遇他,不能有一点瞧不起人的表现。

　　凡一事而关人终身,纵确见实闻,不可着口;凡一语而伤我长厚,虽闲谈酒谑,慎勿形言。

〔译文〕

　　但凡一件关乎别人终身的事,即使确实看到了、听到了,也不能去说;但凡一句有损我长厚风度的话,即使是随意聊天、酒桌上的戏谑,也得小心不要说出来。

　　严着此心以拒外诱,须如一团烈火,遇物即烧;宽着此心以待同群,须如一片春阳,无人不暖。

〔译文〕

　　严格拒绝外面的诱惑,要像一团烈火,遇到东西就烧光;宽厚对待同伴,要像一片春天的阳光,没人得不到温暖。

　　待己当从无过中求有过,非独进德,亦且免患;待人当于有过中求无过,非但存厚,亦且解怨。

〔译文〕

对待自己应该在正确中去寻找有过错的地方,不仅可以长进德行,也能免除灾患;对待他人应该在错误中寻找正确的地方,不仅心存仁厚,也能解除怨恨。

事后而议人得失,吹毛索垢①,不肯丝毫放宽,试思己当其局,未必能效彼万一;旁观而论人短长,抉隐摘微,不留些须余地,试思己受其毁,未必能安意顺承。

〔注释〕

①吹毛索垢:即吹毛求疵之义。语出《韩非子·大体》:"不吹毛而求小疵,不洗垢而察难知。"

〔译文〕

在事情发生之后去议论别人的得失,故意挑毛病,不愿意放宽一点标准,试想自己面对那种情况,未必能做到人家的万分之一;作为旁观者去议论别人的优点、缺点,故意发掘那些隐秘、微小的问题,不留一点余地,试想自己遭受这样的诋毁,未必能安心地顺从承受。

遇事只一味镇定从容,虽纷若乱丝,终当就绪;待人无半毫矫伪欺诈,纵狡如山鬼,亦自献诚。

〔译文〕

　　遇到事情坚持镇定从容,即使像乱丝一样纷杂的事情,最终也会找到头绪;对待他人没有一点儿虚伪欺诈,即使像山鬼一样狡猾,也会献出诚意。

　　公生明;诚生明;从容生明。

〔译文〕

　　公正能生成明察;诚实能生成明察;从容不迫能生成明察。

　　人好刚,我以柔胜之;人用术,我以诚感之;人使气,我以理屈之。

〔译文〕

　　别人愿意刚强,我用柔弱战胜他;别人使用计谋,我用真诚感动他;别人意气用事,我用道理使他屈服。

　　柔能制刚,遇赤子而贲、育失其勇①;讷能屈辩,逢喑者而仪、秦拙于词②。

〔注释〕

　　①赤子:婴儿。贲(bēn)、育:指孟贲、夏育,二人都是战国时的勇士。

②喑(yīn)者:哑巴。仪、秦:张仪、苏秦,二人都是战国时善辩的人。

〔译文〕

柔软可以制衡刚强,勇猛如孟贲、夏育,他们遇到婴儿,也会失去勇猛;讷言能使雄辩屈服,善辩如张仪、苏秦,他们遇到哑巴,也会无话可说。

困天下之智者,不在智而在愚;穷天下之辩者,不在辩而在讷;伏天下之勇者,不在勇而在怯。

〔译文〕

让天底下那些智慧的人感到困惑的,不是智慧而是愚蠢;让天底下那些善辩的人词穷的,不是善辩而是讷言;让天底下那些勇士屈服的,不是勇敢而是怯懦。

以耐事了天下之多事;以无心息天下之争心。

〔译文〕

用忍耐应对天底下纷繁复杂的事情;用不争的心平息天底下纷争的心。

何以息谤?曰无辩。何以止怨?曰不争。

〔译文〕

怎么样才能停息毁谤？是不辩驳。怎么样才能停止怨恨？是不争执。

人之谤我也，与其能辩，不如能容；人之侮我也，与其能防，不如能化。

〔译文〕

别人指责我，与其去辩驳，不如去宽容；别人侮辱我，与其去防范，不如去化解。

是非窝里，人用口，我用耳；热闹场中，人向前，我落后。

〔译文〕

在是非之地，别人用嘴说，我用耳朵听；在热闹场合，别人往前走，我落在后面。

观世间极恶事，则一眚一慝①，尽可优容；念古来极冤人，则一毁一辱，何须计较。

〔注释〕

①眚(shěng)：灾祸。慝(tè)：邪恶。

〔译文〕

看看人世间那些极端邪恶的事,那么一点点灾祸、一点点邪恶,尽可以从容以待;想想古往今来那些极端冤屈的人,那么一点点诋毁、一点点侮辱,何必去计较呢?

彼之理是,我之理非,我让之;彼之理非,我之理是,我容之。

〔译文〕

他的道理对,我的道理错,我礼让他;他的道理错,我的道理对,我宽容他。

能容小人是大人;能培薄德是厚德。

〔译文〕

能容得下小人的人是大人;能培养微薄的德行就是厚德。

我不识何等为君子,但看每事肯吃亏的便是;我不识何等为小人,但看每事好便宜的便是。

〔译文〕

我不知道什么样的人是君子,只看每件事都肯吃亏的人就是;我不知道什么样的人是小人,只看每件事都好占便宜的人就是。

律身惟廉为宜;处世以退为尚。

〔译文〕

要求自己清廉是合适的;与人相处退让是高尚的。

以仁义存心;以勤俭作家①;以忍让接物。

〔注释〕

①作家:管理家庭。

〔译文〕

把仁义存在心间;靠勤俭管理家庭;靠忍让与人交往。

径路窄处,留一步与人行;滋味浓时,减三分让人尝。

〔译文〕

路窄的地方,留一步的空间让别人走;滋味太浓的时候,减省三分让别人也尝尝。

任难任之事,要有力而无气;处难处之人,要有知而无言。

〔译文〕

承担难做的事情,要用力去做,不要有怨气;和难以相处的人相处,要心里有数,不要有怨言。

穷寇不可追也;遁辞不可攻也;贫民不可威也。

〔译文〕

穷途末路的敌人不可以追击;逃遁搪塞的话不可以攻击;贫穷的百姓不可以施威。

祸莫大于不仇人而有仇人之辞色;耻莫大于不恩人而诈恩人之状①。

〔注释〕

①诈:假装。

〔译文〕

没有与人作对,却露出与人作对的脸色,没有比这祸患更大的了;对人没有恩惠,却装作对人有恩惠的样子,没有比这更可耻的了。

恩怕先益后损;威怕先松后紧。

〔译文〕

恩惠怕的是先多后少;威严怕的是先松后紧。

善用威者不轻怒;善用恩者不妄施。

〔译文〕

善于使用威严的人不轻易发怒;善于使用恩惠的人不随意施恩。

宽厚者,毋使人有所恃;精明者,不使人无所容。

〔译文〕

宽厚的人,不会让别人有所依恃;精明的人,不会让别人无地自容。

事有知其当变而不得不因者,善救之而已矣;人有知其当退而不得不用者,善驭之而已矣。

〔译文〕

有些知道应该改变却不得不因袭的事情,好好补救它就罢了；有些知道应该辞退却不得不使用的人，好好驾驭使用他就罢了。

轻信轻发，听言之大戒也；愈激愈厉，责善之大戒也。

〔译文〕

轻率相信、轻率行动，是听别人说话的大忌；太多激烈、太过严厉，是劝人行善的大忌。

处事须留余地；责善切戒尽言。

〔译文〕

做事情要留有余地；劝人行善不要把话说尽。

施在我有余之惠，则可以广德；留在人不尽之情，则可以全交。

〔译文〕

给人以对我来说有所富余的恩惠，那就可以广大德行；给人以对他来说是感激不尽的情谊，那就可以维持交往。

古人爱人之意多，故人易于改过，而视我也常亲，我之教益易行；今人恶人之意多，故人甘于自弃，而视我也常仇，我之言必不入。

〔译文〕

　　古时的人，爱怜别人的想法多，因此别人容易改正过错，而看我常常感到亲切，我的教导更加容易推行；现在的人，厌恶别人的想法多，因此别人自甘放弃，而看我常常感到敌意，我的话一定进不了他的心。

　　喜闻人过不若喜闻己过；乐道己善何如乐道人善。

〔译文〕

　　喜欢听到别人的过错，不如喜欢听到自己的过错；愿意说自己的优点，不如愿意说别人的优点。

　　听其言必观其行，是取人之道；师其言不问其行，是取善之方。

〔译文〕

　　听了他说的话，一定要观察他做了什么，这是评价人的办法；学习他的言论，不管他是否做到了，这是取得德行的方法。

　　论人之非当原其心，不可徒泥其迹；取人之善当据其迹,不必深究其心。

〔译文〕

议论别人的错误,应该探求他心中的想法,不可以只拘泥于他的做法;肯定、赞扬一个人的善举,应该根据他的做法,不必深究他心里是怎么想的。

小人亦有好处,不可恶其人并没其是;君子亦有过差,不可好其人并饰其非。

〔译文〕

小人也有优点,不可以厌恶他这个人而隐没了他的优点;君子也有过错,不可以喜欢他这个人而掩饰他的错误。

小人固当远,然断不可显为仇敌;君子固当亲,然亦不可曲为附和。

〔译文〕

小人固然应该远离,但一定不可以公开成为仇敌;君子固然应该亲近,但也不能不顾是非,一味附和。

待小人宜宽;防小人宜严。

〔译文〕

　　对待小人应该宽容;防范小人应该严格。

　　闻恶不可遽怒,恐为谗夫泄忿;闻善不可就亲,恐引奸人进身。

〔译文〕

　　听到邪恶的事不要遽然发怒,就怕为进谗言的人泄愤;听到善举不要立马亲近,就怕让奸诈的人贴身。

　　先去私心,而后可以治公事;先平己见,而后可以听人言。

〔译文〕

　　先去除私心,然后可以办理公事;先让自己的观点公允,然后可以听取别人的意见。

　　修己以清心为要;涉世以慎言为先。

〔译文〕

　　修养自己以清净内心为关键;经历世事以谨慎言语为第一。

恶莫大于纵己之欲;祸莫大于言人之非。

〔译文〕

作恶没有比放纵自己的欲望更大的了;灾祸没有比议论别人的错误更大的了。

人生惟酒色机关,须百炼此身成铁汉;世上有是非门户,要三缄其口学金人①。

〔注释〕

①缄(jiān):封闭。此句语出《孔子家语·观周》:"孔子观周,遂入太祖后稷之庙,庙堂右阶之前,有金人焉,三缄其口,而铭其背曰:'古之慎言人也,戒之哉……'"

〔译文〕

人生有酒色的考验,需要千锤百炼才能让自己成为不受诱惑的铁汉;世上有是非的纷争,要像金人一样谨慎说话。

工于论列者①,察己常阔疏;狃于评直者②,发言多弊病。

〔注释〕

①论列:逐一议论。

②狃(niǔ):习惯。讦(jié)直:揭发别人的短处,自以为刚直。语出《论语·阳货》:"恶讦以为直者。"

〔译文〕

　　总是喜欢议论别人的人,对自己的省察常常粗疏不足;习惯于揭发别人的人,说的话常常毛病很多。

　　人情:每见一人,始以为可亲,久而厌生,又以为可恶,非明于理而复体之以情,未有不割席者①。人情:每处一境,始以为甚乐,久而生厌,又以为甚苦,非平其心而复济之以养,未有不思迁者。

〔注释〕

　　①割席:把席子割断,指绝交。语出《世说新语·德行》。

〔译文〕

　　人之常情是这样的:每见到一个人,开始以为可以与他亲近,时间久了就厌倦了,又以为他是可恶的人,如果没有从道理上想明白再以人情体察,没有不绝交的。人之常情是这样的:每处一个环境中,开始以为非常高兴,时间久了就厌倦了,又以为非常痛苦,如果不能平衡心态再加修养补益,没有不想迁移的。

观富贵人,当观其气概,如温厚和平者,则其荣必久,而其后必昌;观贫贱人,当观其度量,如宽宏坦荡者,则其福必臻①,而其家必裕。

〔注释〕

①臻:到。

〔译文〕

观察富贵的人,应该观察他的气概,如果是温润敦厚平和的人,那么他的富贵必然长久,他的后代必然昌盛;观察贫贱的人,应该观察他的气度,如果是宽宏坦荡的人,那么他的福气必然会到来,他的家必然富裕。

宽厚之人,吾师以养量;慎密之人,吾师以炼识;慈惠之人,吾师以御下;俭约之人,吾师以居家;明通之人,吾师以生慧;质朴之人,吾师以藏拙;才智之人,吾师以应变;缄默之人,吾师以存神;谦恭善下之人,吾师以亲师友;博学强识之人,吾师以广见闻。

〔译文〕

宽厚的人,我学习他以涵养度量;思考细致的人,我学习他以锤炼见识;慈惠的人,我学习他如何对待下人;节俭的人,我学习他如何居家生活;通达的人,我学习他如何增加智慧;质朴的人,我学习他如何掩藏笨拙;机灵的人,我学习他以应对变化;沉默的人,我学习他以存养精神;谦虚恭敬的人,我学习他以与师友亲近;博学强识的人,我学习他以增广见闻。

居视其所亲;富视其所与;达视其所举;穷视其所不为;贫视其所不取。

〔译文〕

居家时看他和谁亲近;富有时看他给谁钱财;显达时看他举荐谁;潦倒时看他不做的事;贫困时看他不拿的东西。

取人之直,恕其戆;取人之朴,恕其愚;取人之介,恕其隘;取人之敏,恕其疏;取人之辩,恕其肆;取人之信,恕其拘。

〔译文〕

肯定一个人的刚直,要宽恕他的莽撞;肯定一个人的淳朴,要宽恕他的愚傻;肯定一个人的耿介,要宽恕他的狭隘;肯定一个人的聪敏,要宽恕他的粗疏;肯定一个人的善辩,要宽恕他的放肆;肯定一个人的诚信,要宽恕他的拘泥。

遇刚鲠人[①],须耐他戾气;遇骏逸人,须耐他妄气;

遇朴厚人,须耐他滞气;遇佻达人,须耐他浮气。

〔注释〕

①刚鲠(gěng):刚强正直。

〔译文〕

遇到刚强正直的人,要忍耐他急躁的脾气;遇到出众脱俗的人,要忍耐他的狂妄之气;遇到朴实宽厚的人,要忍耐他迟滞的脾气;遇到轻佻的人,要忍耐他的浮躁之气。

人褊急,我受之以宽宏;人险仄,我平之以坦荡。

〔译文〕

别人气量狭窄,我以宽宏对待他;别人阴险邪恶,我以坦荡对待他。

奸人诈而好名,他行事有确似君子处;迂人执而不化,其决裂有甚于小人时。

〔译文〕

奸邪的人狡诈而且喜好名声,他做事情确实有像君子的地方;迂腐的人固执而且不知道变通,他做错了事,有时候比小人还让人难以接受。

持身不可太皎洁,一切污辱垢秽,要茹纳得①;处世不可太分明,一切贤愚好丑,要包容得。

〔注释〕

①茹纳:忍受包容。

〔译文〕

做人不能太过清白,所有肮脏、卑鄙,要忍受得了;做事不能太过是非分明,所有蠢笨、丑恶,要包容得了。

宇宙之大,何物不有?使择物而取之,安得别立宇宙置此所舍之物;人心之广,何人不容?使择人而好之,安有别个人心复容所恶之人?

〔译文〕

宇宙这么广大,什么东西没有呢?如果只选择取用自己需要的东西,难道能另造一个宇宙放置这些被舍弃的东西?人心这么宽广,什么人不能容纳呢?如果只选择结交那些自己喜欢的人,难道还另有一个心胸能再容得下被厌恶的人?

德盛者,其心和平,见人皆可取,故口中所许可者多;德薄者,其心刻傲,见人皆可憎,故目中所鄙弃者众。

〔译文〕

德行高尚的人,他的心态平和,看到了人都能称道,因此言谈中所赞许的人很多;德行低劣的人,他的心态刻薄自傲,看到了人都觉可憎,因此眼中所鄙视的人很多。

律己宜带秋气;处世须带春风。

〔译文〕

要求自己应该像秋风一样严厉;与人相处要像春风一样和暖。

善处身者,必善处世,不善处世,贼身者也①;善处世者,必严修身,不严修身,媚世者也。

〔注释〕

①贼:伤害。

〔译文〕

善于对待自己的人,一定善于与人相处,不善于与人相处的人,也会伤害自己;善于与人相处的人,一定严于要求自己,不严于要求自己的人,只能取媚于世俗。

爱人而人不爱,敬人而人不敬,君子必自反也;爱人而人即爱,敬人而人即敬,君子益加谨也。

〔译文〕

爱护别人但别人不爱护自己,尊敬别人但别人不尊敬自己,君子一定要自我反省;爱护别人而别人随即爱护自己,尊敬别人而别人随即尊敬自己,君子应该更加谨慎。

人若近贤良,譬如纸一张,以纸包兰麝,因香而得香;人若近邪友,譬如一枝柳,以柳贯鱼鳖,因臭而得臭。

〔译文〕

人如果接近贤良的人,就像一张纸,用纸包裹兰花、麝香,因其香味而得到香味;人如果接近邪恶的朋友,就像一枝柳条,用柳条去穿臭鱼、烂鳖,因其臭味而得到臭味。

人未己知,不可急求其知;人未己合,不可急与之合。

〔译文〕

别人还没有了解自己,不可以急着要他了解;别人还没有和自己一致,不可以急着和他一致。

落落者难合①,一合便不可离;欣欣者易亲,乍亲忽然成怨。

〔注释〕

①落落者:指孤僻的人。

〔译文〕

孤僻的人难于交往,一旦交往就分不开;满脸喜色的人容易亲近,短暂的亲近后,可能忽然产生怨恨。

能媚我者,必能害我,宜加意防之;肯规予者,必肯助予,宜倾心听之。

〔译文〕

能取悦我的人,一定能迫害我,应该留心提防他;愿意规劝我的人,一定能帮助我,应该全心全意听他的意见。

出一个大伤元气进士,不如出一个能积阴德平民;交一个读破万卷邪士,不如交一个不识一字端人。

〔译文〕

家庭中培养一个为了参加科举而元气大伤的进士,不如培养一个能积德行善的普通百姓;结交一个读了很多书的不正派的人,不如结交一个目不识丁的品行端正的人。

无事时,埋藏着许多小人;多事时,识破了许多君子。

〔译文〕

没有事的时候,许多小人都躲藏了起来;遇到事情时,看到许多君子的真面目。

一种人难悦亦难事,只是度量褊狭,不失为君子;一种人易事亦易悦,这是贪污软弱①,不免为小人。

〔注释〕

①贪污:指见利忘义。

〔译文〕

有一种人,难以取悦也不好合作办事,他只是气量狭窄,这种人不失为君子;有一种人,容易合作办事也容易取悦,他只不过是为了利益没有骨气,这种人不失为小人。

大恶多从柔处伏,慎防绵里之针;深仇常自爱中来,宜防刀头之蜜①。

〔注释〕

①刀头之蜜：比喻利益中藏着危险。《四十二章经》："财色之于人,譬如小儿贪刀刃之蜜,甜不足一食之美,然有截舌之患也。"

〔译文〕

大的罪恶大多在柔软的地方潜伏着,小心防备丝绵里隐藏着钢针;深深的仇恨经常由爱而生,应该防备刀刃上的蜜糖。

惠我者小恩,携我为善者大恩;害我者小仇,引我为不善者大仇。

〔译文〕

馈赠我财物的人是小恩,提携我向善的人是大恩;迫害我的人是小仇,引导我作恶的人是大仇。

毋受小人私恩,受则恩不可酬;毋犯士夫公怒,犯则怒不可救。

〔译文〕

不要接受小人私人的恩惠,一旦接受了就是无法酬谢的恩惠;不要冒犯读书人的公愤,一旦冒犯了就是无法挽救的愤怒。

喜时说尽知心,到失欢须防发泄;恼时说尽伤心,恐再好自觉羞惭。

〔译文〕

关系好时说尽了知心话,到失和时要防止把那些话再翻出来发泄;关系不好时说尽了让对方伤心的话,恐怕再和好时会自己觉得羞愧。

盛喜中勿许人物;盛怒中勿答人柬。

〔译文〕

在极度喜悦中不要许诺别人财物;在极度愤怒中不要回复别人的信笺。

顽石之中良玉隐焉;寒灰之中星火寓焉。

〔译文〕

粗劣的石头中可能隐藏着美玉;寒冷的灰烬中可能蕴含着火星。

静坐常思己过;闲谈莫论人非。

〔译文〕

静坐时常常思考自己的过失;闲谈时不要议论别人的错误。

对痴人莫说梦话,防所误也;见短人莫说矮话,避所忌也。

〔译文〕

对痴傻的人不要说不切实际的话,防止他信以为真;看到矮小的人不要说和矮有关的话,回避他所忌讳的事。

面谀之词,有识者未必悦心;背后之议,受憾者常至刻骨。

〔译文〕

当面阿谀的话,有见识的人听了不一定开心;背后的议论,被议论的人常常刻骨铭心。

攻人之恶毋太严,要思其堪受;教人以善毋过高,当使其可从。

〔译文〕

攻击别人的错误不要太严苛,要考虑他能接受的程度;教导别人为善不要要求太高,应该使他能够做到。

互乡童子则进之①,开其善也;阙党童子则抑之②,勉其学也。

〔注释〕

①互乡童子则进之:语出《论语·述而》:"互乡难与言,童子见,门人惑。子曰:'与其进也,不与其退也。唯何甚?人洁己以进,与其洁也,不保其往也。'"互乡,地名,那里的人难以沟通。

②阙党童子则抑之:语出《论语·宪问》:"阙党童子将命,或问之曰:'益者与?'子曰:'吾见其居于位也,见其与先生并行也。非求益者也,欲速成者也。'"阙党,即阙里,孔子故里,是有教化的地方。

〔译文〕

对互乡的孩子要鼓励他,开导他向善;对阙党的孩子要抑制他,劝勉他循序渐进地学习。

不可无"不可",一世之识;不可有"不可",一人之心。

〔译文〕

不可以没有"不可以",这是世间的共识;不可以有"不可以",这是一个人的决心。

事有急之不白者,缓之或自明,毋急躁以速其戾;人有操之不从者,纵之或自化,毋操切以益其顽。

〔译文〕

事情有着急却弄不明白的,慢慢来有时就自然明白了,不要急躁以致加速它的乖戾;人有操他而不服从的,放任不管有时就自己化育了,不要操控得太急切了以致使他更加顽劣。

遇矜才者,毋以才相矜,但以愚敌其才,便可压倒;遇炫奇者,毋以奇相炫,但以常敌其奇,便可破除。

〔译文〕

遇到自夸才能的人,不要和他相互夸示才能,只要用愚钝对抗他的才能,就可以压倒他;遇到炫耀自己奇特的人,不要和他相互炫耀奇特,只要用平常对抗他的奇特,就可以击败他。

直道事人;虚衷御物①。

〔注释〕

①虚衷:即虚中,使心中虚空,即虚心。

〔译文〕

以正道待人;以虚心接物。

岂能尽如人意;但求不愧我心。

〔译文〕

怎么能完全像人期待的那样;只不过是追求不要愧对自己的良心。

不近人情,举足尽是危机;不体物情,一生俱成梦境。

〔译文〕

不体察人情,一举一动都危机重重;不体察物情,一辈子都是虚幻的。

己性不可任,当用逆法制之,其道在一"忍"字;人性不可拂,当用顺法调之,其道在一"恕"字。

〔译文〕

自己的性情不能够放任,应该用逆法控制,方法在于一个"忍"字;人的本性不能够拂逆,应该用顺法调节,方法在于一个"恕"字。

仇,莫深于不体人之私而又苦之;祸,莫大于不讳人之短而又讦之。

[译文]

仇恨,没有比不体察别人的隐私而又去挖苦他更深的了;祸患,没有比不避讳别人的短处而又去攻讦他更大的了。

辱人以不堪必反辱;伤人以已甚必反伤。

[译文]

侮辱别人到了他不堪忍受的程度,一定会反被侮辱;伤害别人到了过分的程度,一定会反被伤害。

处富贵之时,要知贫贱的痛痒;值少壮之日,须念衰老的辛酸;入安乐之场,当体患难人景况;居旁观之地,务悉局内人苦心。

[译文]

当处于富贵的时候,要知道贫贱的痛苦;当正值少壮之年的时候,要想到衰老时的辛酸;进入安宁快乐的地方,应该体谅患难的人的遭遇;处于旁观的位置,一定要了解身在其中的人的苦心。

临事须替别人想;论人先将自己想。

〔译文〕

遇到事情时要替别人着想;议论别人时要先想想自己。

欲胜人者先自胜;欲论人者先自论;欲知人者先自知。

〔译文〕

想要胜过别人的人,要先胜过自己;想要议论别人的人,要先议论自己;想要了解别人的人,要先了解自己。

待人三自反①;处世两如何②。

〔注释〕

①三自反:反思自己的仁、礼、忠。语出《孟子·离娄下》:"有人于此,其待我以横逆,则君子必自反也:我必不仁也,必无礼也,此物奚宜至哉?其自反而仁矣,自反而有礼矣,其横逆由是也,君子必自反也:我必不忠……"

②两如何:问两次怎么办。语出《论语·卫灵公》:"不曰'如之何,如之何'者,吾末如之何也已矣。"

〔译文〕

对待别人要反思自己是否做到了仁、礼、忠;与人相处要问两次"怎么办"。

待富贵人，不难有礼而难有体；待贫贱人，不难有恩而难有礼。

〔译文〕

对待富贵的人，不难做到有礼节而难在得体；对待贫贱的人，不难做到恩惠而难在有礼节。

对愁人勿乐；对哭人勿笑；对失意人勿矜。

〔译文〕

面对忧愁的人不要快乐；面对哭泣的人不要大笑；面对失意的人不要自夸。

见人背语，勿倾耳窃听；入人私室，勿侧目旁观；到人案头，勿信手乱翻。

〔译文〕

看见别人说悄悄话，不要侧过耳朵去偷听；进入别人私人的房间，不要侧着眼睛四处张望；到了别人的书桌前，不要随手乱翻东西。

不蹈无人之室；不入有事之门；不处藏物之所。

接 物 | 159

〔译文〕

不踏进没有人的房间;不进入有是非之事人家的大门;不置身藏了东西的地方。

俗语近于市;谶语近于娼①;诨语近于优②。

〔注释〕

①谶(chèn)语:算命先生的预言。
②诨语:插科打诨的话。

〔译文〕

俗语像市井一样低俗;谶语像娼妓一样不可靠;诨语像优伶一样不庄重。

闻君子议论,如啜苦茗,森严之后,甘芳溢颊;闻小人谄笑,如嚼糖霜①,爽美之后,寒冱凝胸②。

〔注释〕

①糖霜:即冰糖。
②寒冱(hù):极言寒冷。

〔译文〕

听闻君子的谈论,像喝苦茶,浓烈的味道之后,甜美芬芳溢满两颊;听闻小人谄媚的笑,像嚼冰糖,舒爽美味之后,极度寒冷凝聚在胸。

凡为外所胜者,皆内不足;凡为邪所夺者,皆正不足。

〔译文〕

凡是被外物所战胜的人,都是因为内在不足;凡是被邪气所夺走的人,都是因为正气不足。

存乎天者,于我无与也①,穷通得丧,吾听之而已;存乎我者,于人无与也,毁誉是非,吾置之而已。

〔注释〕

①与(yù):参与。

〔译文〕

存在于天的,我没有办法参与,穷困或者显达,得到或者失去,我只是听着而已;存在于我的,别人没有办法参与,诋毁或者赞誉,是或者非,我只能置之不理。

小人乐闻君子之过;君子耻闻小人之恶。

〔译文〕

  小人喜欢听到君子的过错;君子耻于听到小人的恶行。

  慕人善者,勿问其所以善,恐拟议之念生而效法之念微矣①;济人穷者,勿问其所以穷,恐憎恶之心生而恻隐之心泯矣。

〔注释〕

  ①拟议:猜测议论。

〔译文〕

  仰慕别人行善,不要问他行善的原因,唯恐有了揣度别人的念头,效法学习的念头就微弱了;救济贫穷的人,不要问他贫穷的原因,唯恐有了憎恶的心情,怜悯的心情就泯灭了。

  时穷势蹙之人①,当原其初心;功成名立之士,当观其末路。

〔注释〕

  ①穷:困窘。蹙(cù):困窘。

〔译文〕

  穷困窘迫的人,应该推求他的初衷;功成名就的人,应该观察他的归宿。

踪多历乱,定有必不得已之私;言到支离,才是无可奈何之处。

〔译文〕

行踪、经历那么杂乱,一定有不得已的难言之隐;言语那么散乱,一定是遇到了无可奈何的事。

惠不在大,在乎当厄;怨不在多,在乎伤心。

〔译文〕

恩惠不在于大小,而在于是否帮助了处于厄运之中的人;怨恨不在于多少,而在于是否伤了人心。

毋以小嫌疏至戚;毋以新怨忘旧恩。

〔译文〕

不要因为小的嫌隙疏远了最亲近的亲戚;不要因为新的怨恨忘了过去的恩情。

两悔无不释之怨;两求无不合之交;两怒无不成之祸。

〔译文〕

两方都后悔了，就没有不能释怀的仇怨；两方都相互追求，没有不融洽的交往；两方都气恼，没有不成为灾祸的。

古之名望相近则相得；今之名望相近则相妒。

〔译文〕

古时名望相近的人相互契合；现在名望相近的人相互嫉妒。

齐　家

〔题解〕

　　此前诸篇格言主要是从"修身"的角度谈如何增进个人的学问道德，此篇题为"齐家"，即如何治理家庭，使得父慈子孝，家庭和睦。在儒家文化中，家庭中父母、兄弟、夫妻、子女等各种关系，每种关系都有具体的行为准则。作为一家之主，要首先做出示范，具备勤俭、好学、孝顺、恭谨等美德。由自己的行为带动妻子、儿孙的行为，由此促进家庭关系的和谐友善并不断赓续。而且处理家庭关系是处理自己与外界关系的基础，如果连亲近的人都无法顺畅沟通，那么与外人的交流合作也会很困难。

　　勤俭，治家之本；和顺，齐家之本；谨慎，保家之本；诗书，起家之本；忠孝，传家之本。

〔译文〕

　　勤俭，是治理家庭的根本；和顺，是治理家庭的根本；谨慎，是保住家庭的根本；诗书，是兴旺家庭的根本；忠孝，是家族世代相传的根本。

天下无不是的父母；世间最难得者兄弟。

〔译文〕

普天下没有不爱子女的父母；人世间最难得的是兄弟。

以父母之心为心，天下无不友之兄弟；以祖宗之心为心，天下无不和之族人；以天地之心为心，天下无不爱之民物。

〔译文〕

把父母的心当作自己的心，普天下没有不友爱的兄弟；把祖宗的心当作自己的心，普天下没有不和睦的宗族；把天地的心当作自己的心，普天下没有不去关爱的人和物。

人君以天地之心为心，人子以父母之心为心，天下无不一之心矣；臣工以朝廷之事为事，奴仆以家主之事为事，天下无不一之事矣。

〔译文〕

为人君，把天地的心当作自己的心，为人子，把父母的心当作自己的心,普天下就没有不一致的心了;臣子把朝廷的事当作自己的事,奴仆把家主的事当作自己的事,天下没有做不成的事了。

孝莫辞劳,转眼便为人父母;善毋望报,回头但看尔儿孙。

〔译文〕

孝顺不要推辞辛劳,转眼间自己就为人父母了;善举不要期望得到回报,不久之后就能看到为你儿孙积下的福德。

子之孝,不如率妇以为孝,妇能养亲者也,公姑得一孝妇①,胜如得一孝子;妇之孝,不如导孙以为孝,孙能娱亲者也,祖父得一孝孙,又增一辈孝子。

〔注释〕

①公姑:公公、婆婆。

〔译文〕

儿子自己孝顺,不如带着媳妇孝顺,媳妇能奉养双亲,公婆得到一个孝顺的儿媳妇,胜似得到一个孝顺的儿子;媳妇自己孝顺,不如教导孙子孝顺,孙子能让双亲开心,祖父得到一个孝顺的孙子,又增添了一辈孝子。

父母所欲为者,我继述之;父母所重念者,我亲厚之。

〔译文〕

父母所想做的事,我继续完成;父母所看重的人,我如亲人般厚待他。

婚而论财,究也夫妇之道丧;葬而求福,究也父子之恩绝。

〔译文〕

结婚的时候谈论财产,最终夫妇之道会沦丧;埋葬的时候讲究风水,最终父子之间的恩情会断绝。

君子有终身之丧,忌日是也;君子有百世之养,邱墓是也。

〔译文〕

君子有终身都要服丧的日子,那就是双亲的忌日;君子有世代都要供养的地方,那就是祖先的坟墓。

兄弟一块肉,妇人是刀锥;兄弟一釜羹,妇人是盐梅①。

〔注释〕

①盐梅:指调味料,因盐咸、梅酸。

〔译文〕

兄弟如果是一块肉,妻子就是可以把他们分开的刀子、锥子;兄弟如果是一口锅中的汤羹,妻子就是可以把他们调和在一起的盐、梅。

兄弟和,其中自乐;子孙贤,此外何求?

〔译文〕

兄弟和睦,这样就自得其乐;子孙贤德,除此还有什么追求的呢?

心术不可得罪于天地;言行要留好样与儿孙。

〔译文〕

内心的想法不可以得罪了天地;言语行为要为儿孙做出好的榜样。

现在之福,积自祖宗者,不可不惜;将来之福,贻于子孙者,不可不培。现在之福如点灯,随点则随竭;将来之福如添油,愈添则愈明。

〔译文〕

现在的福气,如果是来自祖宗积德,不能不珍惜;未来的福气,是遗留给子孙的,不能不培养;现在的福气像点灯的捻子,点着就烧光了;未来的福气像给灯添油,越添就越亮。

问祖宗之泽,吾享者是,当念积累之难;问子孙之福,吾贻者是,要思倾覆之易。

〔译文〕

问祖宗的遗泽在哪里,我享有的就是,应该想到积累的艰难;问子孙的福气在哪里,我遗留的就是,要想到失去的容易。

要知前世因,今生受者是,吾谓昨日以前,尔祖尔父,皆前世也;要知后世因,今生作者是,吾谓今日以后,尔子尔孙,皆后世也。

〔译文〕

要知道前世的因缘是什么,今生所享受的就是,我说昨天以前,你的爷爷你的父亲,都是前世;要知道后世的因缘是什么,今生所作所为就是,你的儿子你的孙子,都是后世。

祖宗富贵自诗书中来,子孙享富贵则弃诗书矣;祖宗家业自勤俭中来,子孙享家业则忘勤俭矣。

〔译文〕

祖宗的富贵是从诗书中得来的,子孙享受了富贵却放弃了诗书;祖宗的家业是从勤俭中得来的,子孙享受了家业却忘记了勤俭。

近处不能感动,未有能及远者;小处不能调理,未有能治大者;亲者不能联属,未有能格疏者;一家生理不能全备①,未有能安养百姓者;一家子弟不率规矩②,未有能教诲他人者。

〔注释〕

①生理:生计,生活。
②率:遵守,服从。

〔译文〕

附近的人都不能被感动,没有能感动远处的人的;小事都不能理顺的,没有能治理大事的;亲近的人都不能联系接触,没有

齐 家 | 171

能联络疏远的人的;一家人的生活都不能照顾得好,没有能让老百姓平安幸福的;家里的晚辈都不守规矩,没有能教育别人的。

至乐无如读书;至要莫如教子。

〔译文〕

最高兴的事,没有比得上读书的;最重要的事,没有比得上教育孩子的。

子弟有才,制其爱,毋弛其诲,故不以骄败;子弟不肖①,严其诲,毋薄其爱,故不以怨离。

〔注释〕

①不肖:不成材。

〔译文〕

后辈有才华,要控制对他的疼爱,不要放松对他的教诲,让他不会由于骄傲而失败;后辈不成器,要对他严格教导,不要减少对他的疼爱,让他不会由于怨恨而疏离。

雨泽过润①,万物之灾也;恩宠过礼,臣妾之灾也;情爱过义,子孙之灾也。

〔注释〕

①雨泽:雨水。

〔译文〕

雨水超过了润泽的限度,是万物的灾祸;恩幸、宠爱超过了礼的限度,是臣子、妻妾的灾祸;亲情、疼爱超过了义的限度,是子孙的灾祸。

安详恭敬,是教小儿第一法;公正严明,是做家长第一法。

〔译文〕

安详、恭敬,是教育孩子最重要的方法;公正、严明,是做家长最重要的方法。

人一心先无主宰,如何整理得一身正当?人一身先无规矩,如何调剂得一家肃穆?

〔译文〕

如果一个人的心中不是先有了主见,怎么能把自己整理得端正、妥当?如果一个人自己不是先有了规矩,怎么能把一家人调教得恭敬有礼?

融得性情上偏私,便是大学问;消得家庭中嫌隙,便是大经纶。

〔译文〕

消融性格中的自私、不公,就是大学问;消融家庭里的猜疑、不和,就是大才能。

遇朋友交游之失,宜剀切①,不宜游移;处家庭骨肉之变,宜委曲,不宜激烈。

〔注释〕

①剀(kǎi)切:恳切地规劝。

〔译文〕

遇到朋友交友不慎,应该恳切地规劝,不要犹豫不决;处理家中亲人的变故,应该委婉含蓄,不要太过急躁激动。

未有和气萃焉而家不吉昌者;未有戾气结焉而家不衰败者。

〔译文〕

没有和气汇聚而家庭不吉祥昌盛的;没有戾气集结而家庭

不衰败的。

闺门之内不出戏言①,则刑于之化行矣②;房幄之中不闻戏笑③,则相敬之风著矣。

〔注释〕

①闺门:旧时指妇女居住的内室。
②刑于:指夫妻以礼相待。刑,典范。
③房幄(wò):房内。

〔译文〕

在家里不说开玩笑的话,那么夫妻以礼相待的风气就有了;在房间之内听不到嬉笑的声音,那么夫妻相互尊敬的风气就显著了。

人之于嫡室也,宜防其蔽子之过;人之于继室也,宜防其诬子之过。

〔译文〕

丈夫对于正室妻子,应该防备她遮掩孩子的过错;丈夫对于续娶的妻子,要防备她诬陷前妻的孩子。

仆虽能,不可使与内事;妻虽贤,不可使与外事。

〔译文〕

　　仆人即使能干,也不能让他参与家里的事;妻子即使贤惠,也不能让她参与家外的事。

　　奴仆得罪于我者尚可恕,得罪于人者不可恕;子孙得罪于人者尚可恕,得罪于天者不可恕。

〔译文〕

　　奴仆得罪了我还可以宽恕,得罪了外人不可以宽恕;子孙得罪了别人还可以宽恕,得罪了上天不可以宽恕。

　　奴之不祥,莫大于传主人之谤语;主之不祥,莫大于行仆婢之潛言。

〔译文〕

　　奴仆的错误,没有比传播主人指责别人的话更严重的了;主人的错误,没有比听信奴仆的谗言更严重的了。

　　治家严,家乃和;居乡恕,乡乃睦。

〔译文〕

　　治理家庭严格,家庭就和睦;住在乡里对人宽恕,乡里就和睦。

治家忌宽,而尤忌严;居家忌奢,而尤忌啬。

〔译文〕

治理家庭忌讳宽松,但尤其忌讳严苛;家庭生活忌讳奢侈,但尤其忌讳吝啬。

无正经人交接,其人必是奸邪;无穷亲友往来,其家必然势利。

〔译文〕

交往接触的没有正经人,这个人一定是奸邪的人;往来的没有贫穷的亲戚朋友,这家人一定非常势利。

日光照天,群物皆作,人灵于物,寐而不觉,是谓"天起人不起",必为天神所谴,如君上临朝,臣下高卧失误,不免罚责;夜漏三更[①],群物皆息,人灵于物,烟酒沉溺,是谓"地眠人不眠",必为地祇所诃,如家主欲睡,仆婢喧闹不休,定遭鞭答。

〔注释〕

①夜漏:夜晚的时间。古代滴水计时,漏即为滴水的器具。三更:相

当于现在的午夜十二点。

〔译文〕

　　太阳升上了高空,万物都振作起来了,人比物更有灵性,睡觉而不醒来,这就是"天起人不起",一定会被天神谴责,就像君主上朝,臣子高枕而卧耽误了时间,免不了受到处罚;半夜三更,万物都休息了,人比物更有灵性,沉溺于烟酒,这就是"地眠人不眠",一定会被地神谴责,就像主人要睡觉了,仆人吵闹不停,一定会遭到鞭打。

　　楼下不宜供神,虑楼上之秽亵;屋后必须开户,防屋前之火灾。

〔译文〕

　　楼下不适宜供奉神明,是担心楼上的污秽亵渎了神明;屋后必须开门,是防止屋前着火不能逃生。

从　政

[题解]

　　此篇从前面的修身、齐家,进入"治国"领域。此篇首句仍可视作对整篇内容的概述,修身、齐家、治国的道理是相通的,为官一任,要将自己所治理的一地、一国当作自己的家庭,官员是一家之主,而百姓就是家里的儿孙,官员要像爱护儿孙一样体恤百姓,让他们过上平安、幸福的生活。做好官,要勤于政事,清正廉洁,宽于刑罚,为百姓谋福,一方面是为了不愧对自己所得的俸禄,另一方面则是为官员自己积德、为后世子孙积德,避免因官员的种种劣行而使自己的家族、祖先背上骂名。

　　眼前百姓即儿孙,莫谓百姓可欺,且留下儿孙地步;堂上一官称父母,漫道一官好做,还尽些父母恩情。

[译文]

　　眼前的百姓就是自己的儿孙,不要认为老百姓好欺负,权且为儿孙留下生存的空间;坐在衙门大堂之上的官员被称作父母,不要说这官容易做,还是要尽到一些父母的恩情吧。

善体黎庶情,此谓民之父母;广行阴骘事,以能保我子孙。

〔译文〕

善于体察民情,这叫作民众的父母;多做积德的事,可以保佑自己的子孙。

封赠父祖①,易得也,无使人唾骂父祖,难得也;恩荫子孙②,易得也,无使我毒害子孙,难得也。

〔注释〕

①封赠:旧时,对于有功的臣子,可授予其先辈爵位、名号。若先辈在世而赐,则称封;若先辈离世而赐,则称赠。

②恩荫子孙:指官员的子孙承受朝廷恩典,在入学、入仕等方面享受特殊待遇,如直接进入国子监读书,其后可入朝为官等。

〔译文〕

封赠先辈荣誉,容易做到,不让人因为我而唾骂先辈,不容易做到;恩荫子孙,容易做到,不要因为我的官位害了子孙,不容易做到。

洁己方能不失己①；爱民所重在亲民。

〔注释〕

①洁己：使自己清洁，指端正自己的言行。语出《论语·述而》："人洁己以进，与其洁也，不保其往也。"

〔译文〕

端正自己才能不失去自己；爱护民众的重点是亲近民众。

朝廷立法不可不严；有司行法不可不恕。

〔译文〕

朝廷制定法律不可以不严格；官员执行法律不可以不宽恕。

严以驭役而宽以恤民；亟于扬善而勇于去奸；缓于催科而勤于抚字①。

〔注释〕

①催科：催收租税，这里指官府催税。抚字：指体恤百姓。

〔译文〕

严格管理官吏而宽容体恤民众；急于宣扬善行而勇于去除奸邪；缓于催征赋税而勤于安抚百姓。

催科不扰,催科中抚字;刑罚不差,刑罚中教化。

〔译文〕

催征赋税不打扰老百姓,在催征赋税的过程中安抚百姓;刑罚没有差错,在刑罚的过程中教化百姓。

刑罚当宽处即宽,草木亦上天生命;财用可省时便省,丝毫皆下民脂膏。

〔译文〕

刑罚能够宽松的地方就宽松,即使是草木也是上天赐予的生命;钱财花费能够节省的时候就节省,一点一滴都是老百姓的血汗。

居家为妇女们爱怜,朋友必多怒色;做官为衙门人欢喜,百姓定有怨声。

〔译文〕

居家生活被女眷们喜欢,朋友们一定有不满的颜色;做官被衙门里的人喜欢,老百姓一定有抱怨的声音。

官不必尊显,期于无负君亲;道不必博施,要在有裨民物。

〔译文〕

官爵不一定尊贵显赫,期望不辜负君主、双亲;治理之道不一定到处施行,关键在于对老百姓有益。

禄岂须多,防满则退;年不待暮,有疾便辞。

〔译文〕

俸禄何必多,要提防俸禄太多造成灾祸,早些退休;年纪不用等到暮年,有了疾病就辞职。

天非私富一人,托以众贫者之命;天非私贵一人,托以众贱者之身。

〔译文〕

上天并非只让一个人富裕,而是把众多贫穷的人的生命托付给他;上天并非只让一个人高贵,而是把众多低贱的人的身体托付给他。

住世一日,要做一日好人;为官一日,要行一日好事。

〔译文〕

在世上活一天,就要做一天好人;做一天官,就要做一天好事。

贫贱人栉风沐雨①,万苦千辛,自家血汗自家消受,天之鉴察犹恕;富贵人衣税食租,担爵受禄,万民血汗一人消受,天之督责更严。

〔注释〕

①栉(zhì)风沐雨:用风梳头发,用雨洗头发,形容奔波劳苦。栉,梳头。沐,洗头。

〔译文〕

贫穷低贱的人顶风冒雨,千辛万苦,自己享用自己辛勤劳动的成果,上天对他们的监管是宽容的;富有高贵的人吃的、穿的靠的是赋税、田租,顶着爵位,拿着俸禄,一个人享用上万民众辛勤劳动的成果,上天对他们的督查更为严苛。

平日诚以治民,而民信之,则凡有事于民,无不应矣;平日诚以事天,而天信之,则凡有祷于天,无不应矣。

〔译文〕

平常治理民众诚实,民众信任他,那么凡是有事情需要民众做,没有不响应的;平常侍奉上天诚实,上天信任他,那么凡是对上天祈祷,没有不感应的。

平民肯种德施惠,便是无位的卿相;士夫徒贪权希宠,竟成有爵的乞儿。

〔译文〕

平民百姓如果愿意布德施恩,就是没有官衔的卿相;官吏如果只是贪权、求宠,就是有官位的乞丐。

无功而食,雀鼠是已;肆害而食,虎狼是已。

〔译文〕

没有功劳却吃东西,那是麻雀、老鼠;吃东西给别人带来灾害,那是老虎、恶狼。

毋矜清而傲浊;毋慎大而忽小;毋勤始而怠终。

〔译文〕

不要自恃清洁而傲视污浊;不要对大事谨慎而忽视了小事;不要以勤勉开头却以怠惰结束。

勤能补拙;俭以养廉。

〔译文〕

勤奋能弥补笨拙；节俭能培养廉洁。

居官廉，人以为百姓受福，予以为锡福于子孙者不浅也①，曾见有约己裕民者后代不昌大耶？居官浊，人以为百姓受害，予以为贻害于子孙者不浅也，曾见有瘠众肥家者历世得久长耶？

〔注释〕

①锡：赐。

〔译文〕

做官的廉洁，别人认为百姓受到了好处，我认为赐福给官员子孙的也很多，见过有约束自己、富裕民众而自己的后代不昌盛壮大的吗？做官的不廉洁，别人认为百姓受害了，我认为贻害给官员子孙的也很深，见过有贫困众人、富裕自己的人能家世长久吗？

以林皋安乐懒散心做官①，未有不荒怠者；以在家治生营产心做官，未有不贪鄙者。

〔注释〕

①林皋(gāo)：山林水畔，这里指安闲自在的环境。语出《庄子·知北

游》:"山林与!皋壤与!使我欣欣然而乐与!"

〔译文〕

以处于山林水畔般安乐、懒散的心态做官,没有不荒废怠惰的;以在家中谋求生计、经营产业的心态做官,没有不贪婪鄙陋的。

念念用之君民则为吉士;念念用之套数则为俗吏;念念用之身家则为贼臣。

〔译文〕

所有的心思都用在为君、为民上,就是好官;所有的心思都用在循规蹈矩上,就是庸俗的官吏;所有的心思都用在自己家上,就是奸臣。

古之从仕者养人;今之从仕者养己。

〔译文〕

古时做官的人养育百姓;现在做官的人奉养自己。

古之居官也,在下民身上做工夫;今之居官也,在上官眼底做工夫。

〔译文〕

　　古时做官的人,在百姓身上做事;现在做官的人,在上级眼睛能看到的地方做事。

　　在家者,不知有官,方能守分;在官者,不知有家,方能尽分。

〔译文〕

　　居家的百姓,不知道有官员,才能安分守己;做官的人,不知道有自己的家,才能尽到职责。

　　君子当官任职,不计难易而志在济人,故动辄成功;小人苟禄营私,只任便安而意在利己,故动多败事。

〔译文〕

　　君子做官担任职务,不考虑难还是易,志向是帮助别人,因此能经常做成事;小人贪求俸禄、谋求私利,只做简单安稳的事,心思是对自己有好处,因此常常做不成事。

　　职业是当然的[①],每日做他不尽,莫要认作假;权势是偶然的,有日还他主者,莫要认作真。

〔注释〕

①职业:指官员分内的事。

〔译文〕

分内的事情是当然应该做的,日复一日做不完,不要当作假的;权势是一时的,有朝一日会还给它的主人,不要当作真的。

一切人为恶犹可言也,惟读书人不可为恶,读书人为恶,更无教化之人矣;一切人犯法犹可言也,惟做官人不可犯法,做官人犯法,更无禁治之人也。

〔译文〕

所有人做坏事都可以理解,只有读书人不可以做坏事,如果读书人做了坏事,那就再没有有教养的人了;所有人犯法都可以理解,只有官员不能犯法,官员犯了法,那就再没有治理社会的人了。

士大夫济人利物,宜居其实,不宜居其名,居其名则德损;士大夫忧国为民,当有其心,不当有其语,有其语则毁来。

〔译文〕

士大夫救济帮助别人,应该注重实际的效果,不应该注重虚名,注重虚名会有损德行;士大夫为国家、民众担忧,应该有这份心,不应该停留在口头上,停留在口头上会招来指责。

以处女之自爱者爱身;以严父之教子者教士。

〔译文〕

像小姑娘爱惜自己那样去爱惜生命;像严父教育孩子那样去教育官员。

执法如山;守身如玉;爱民如子;去蠹如仇①。

〔注释〕

①蠹(dù):蛀虫,指祸国殃民的人。

〔译文〕

执行法律像山一样坚定;守护身体像玉一样洁白无瑕;爱护百姓像自己的孩子一样;去除坏人像对待仇人一样。

陷一无辜,与操刀杀人者何别?释一大憝①,与纵虎伤人者无殊。

〔注释〕

①憝(duì):恶人。

〔译文〕

诬陷一个无辜的人,和拿起刀杀人的人有什么区别呢?释放一个大恶人,和放纵老虎伤人的人没有区别。

针芒刺手,茨棘伤足①,举体痛楚,刑惨百倍于此,可以喜怒施之乎?虎豹在前,坑阱在后,百般呼号,狱犴何异于此②,可使无辜坐之乎?

〔注释〕

①茨棘:蒺藜、荆棘,两者都有刺。
②狱犴(àn):监狱。

〔译文〕

尖针、芒刺会扎手,蒺藜、荆棘会扎脚,全身都疼痛,刑罚比这残酷百倍,可以因为自己的喜怒乱施刑罚吗?老虎、豹子在前面,陷阱在后面,不停地哭叫,监狱与这没有区别,可以让无辜的人坐监狱吗?

官虽至尊,决不可以人之生命佐己之喜怒;官虽至卑,决不可以己之名节佐人之喜怒。

〔译文〕

即使地位极高的官员,也绝不可以拿人的性命去助长自己的情绪；即使地位极低的官员，也绝不可以拿自己的名声节操去助长别人的情绪。

听断之官，成心必不可有；任事之官，成算必不可无。

〔译文〕

听讼断狱的官员，一定不能有成见；办理事务的官员，一定不能没有计划。

无关紧要之票①，概不标判②，则吏胥无权；不相交涉之人，概不往来，则关防自密③。

〔注释〕

①票：这里指公文、政令。
②标判：在公文上圈画、批点。
③关防：这里指官府的机密。

〔译文〕

无关紧要的公文，一概不批示，那么官吏就不会滥用权力了；不相干的人员，一概不往来，那么机密自然保守得严密。

无辜牵累难堪，非紧要，只须两造对质，保全多少身家;疑案转移甚大,无确据,便当末减从宽,休养几人性命。

〔译文〕

案件牵累无辜的人,会让人难以承受,如果不是重要的案件,只需要两方当面对质,就可以保全多少人及其家庭;疑难案件转折很多,如果没有确实的证据,就应该从轻从宽,让几个人的性命得到休息调养。

呆子之患深于浪子,以其终无转智;昏官之害甚于贪官,以其狼籍及人①。

〔注释〕

①狼籍:糟蹋,祸害。

〔译文〕

呆傻的人的祸患比不务正业的人更严重,因为他最终也不能变得聪明;昏庸的官员的祸害比贪官更严重,因为他让百姓遭殃。

官肯着意一分,民受十分之惠;上能吃苦一点,民沾万点之恩。

〔译文〕

　　官员如果愿意多一分用心,老百姓就会多受十分的恩惠;官员如果能吃一点苦,老百姓就能受到万倍的恩泽。

　　礼繁则难行,卒成废阁之书;法繁则易犯,益甚决裂之罪。

〔译文〕

　　礼节如果繁复就难以遵行,最终成为废弃在高阁之上的书;法律如果繁复就容易触犯,重罪会越来越多。

　　善启迪人心者,当因其所明而渐通之,毋强开其所闭;善移易风俗者,当因其所易而渐反之,毋强矫其所难。

〔译文〕

　　善于启迪人心的人,应该顺着其人能够明白的方面去逐渐疏导,不要强制开启其难以打开的地方;善于改变风俗习惯的人,应该顺着其容易做到的方面去逐渐改变,不要强制矫正其难以做到的方面。

　　非甚不便于民,且莫妄更;非大有益于民,则莫轻举。

〔译文〕

如果不是特别不便于老百姓的制度,不要随意变更;如果不是特别有利于老百姓的事,不要轻易去做。

情有可通,莫于旧有者过裁抑,以生寡恩之怨;事在得已,莫于旧无者妄增设,以开多事之门。

〔译文〕

如果在情理上说得过去,就不要对原来的机构、人员过度削减,那样会造成缺少恩情的抱怨;如果事情可以办得妥善,就不要对原来没有的机构随便增加,那样办事就会变得烦琐。

为前人者,无干誉矫情①,立一切不可常之法②,以难后人;为后人者,无矜能露迹,为一朝即改革之政,以苦前人。

〔注释〕

①干誉:求取名誉,含贬义。干,求。
②一切:临时的,不可持续的。

〔译文〕

作为前辈,不要违背常情沽名钓誉,制定权益一时不能够持续的规定,去为难后来者;作为后来者,不要夸耀显露自己的才能,一上任就改革政令,去否定前辈。

事在当因,不为后人开无故之端;事在当革,毋使后人长不救之祸。

〔译文〕

应该因循的事情,不要无缘无故地给后来者横生事端;应该革除的事情,不要造成让后来者无法挽救的灾祸。

利在一身,勿谋也,利在天下者,谋之;利在一时,勿谋也,利在万世者,谋之。

〔译文〕

对自己一个人有利的事,不要谋划,对天下人有利的事,应该谋划;一时有利的事,不要谋划,长久有利的事,应该谋划。

莫为婴儿之态,而有大人之器;莫为一身之谋,而有天下之志;莫为终身之计,而有后世之虑。

〔译文〕

不要有婴儿般幼稚的样子,而要有成人成熟的气度;不要只为自己着想,而要有胸怀天下的志向;不要只为今生筹划,而要为后世子孙考虑。

用三代以前见识而不失之迂①;就三代以后家数而不邻于俗②。

〔注释〕

①三代:指夏、商、周。
②邻:接近、靠近。

〔译文〕

使用三代时的思想,不要迂腐;用三代以后的方法,不要庸俗。

大智兴邦,不过集众思;大愚误国,只为好自用。

〔译文〕

大的智慧可以使国家兴盛,不过是汇集了众人的想法;大的愚蠢贻误国家,只因为喜欢自行其是。

吾爵益高,吾志益下;吾官益大,吾心益小;吾禄益厚,吾施益博。

〔译文〕

我的爵位越高,我越谦卑;我的官位越大,我越小心翼翼;我的俸禄越多,我的施与越广。

安民者何?无求于民,则民安矣。察吏者何?无求于吏,则吏察矣。

〔译文〕

怎么使民众安乐呢?对民众没有所求,民众就安乐了。怎么使官吏明辨呢?对官吏没有所求,官吏就明辨了。

不可假公法以报私仇;不可假公法以报私德。

〔译文〕

不可以假借公法去报私人的仇;不可以假借公法去报私人的恩。

天德只是个无我;王道只是个爱人。

〔译文〕

上天的德行只有一个——没有我自己;治国理政之道只有一个——关爱百姓。

惟有主,则天地万物自我而立;必无私,斯上下四旁咸得其平。

〔译文〕

只要有主见,那么天地间的万事万物就因我而存在;一定要没有私心,上下四方都会得到公平。

治道之要在知人;君德之要在体仁;御臣之要在推诚;用人之要在择言;理财之要在经制;足用之要在薄敛;除寇之要在安民。

〔译文〕

治理之道的关键在于辨识人才;君主德行的关键在于施行仁政;管理臣子的关键在于以诚相待;任用人才的关键在于听取建议;管理财富的关键在于经营节制;财富充足的关键在于减轻税负;消除贼寇的关键在于使民众安乐。

未用兵时,全要虚心用人;既用兵时,全要实心活人。

〔译文〕

没有用兵的时候,用人完全要公平客观;用兵之后,要实心实意保证他们生命安全。

天下不可一日无君,故夷、齐非汤、武[①],明臣道也,不然则乱臣接踵而难为君；天下不可一日无民，故孔、孟是汤、武，明君道也，不然则暴君接踵而难为民。

〔注释〕

①夷、齐：伯夷、叔齐，二人是商末孤竹君的儿子。汤、武：商汤、周武王，汤推翻夏朝而建立商朝，武王推翻商朝而建立周朝。

〔译文〕

天底下不可以一天没有君主，因此伯夷、叔齐非议商汤、周武王，是为了明确做臣子的规矩，不然作乱的臣子就会一个接一个地出现，君主就没办法做了；天底下不可以一天没有百姓，因此孔子、孟子肯定商汤、周武王，这是为了明确做君主的规矩，不然残暴的君主就一个接一个地出现，百姓就没法活了。

庙堂之上①，以养正气为先；海宇之内，以养元气为本。

〔注释〕

①庙堂之上：朝廷之上，指入朝为官。

〔译文〕

在朝廷做官，最重要的是培养浩然正气；在这世上生活，最根本的是养护元气。

人身之所重者,元气;国家之所重者,人才。

〔译文〕

人的身体最重要的是元气;国家最重要的是人才。

惠　吉

〔题解〕

　　吉祥、快乐是人人向往的,如何才能获得吉祥、快乐？有人求神拜佛,有人积德行善。本篇所收格言,否定前者,肯定后者,体现出鲜明的儒者观念。贫穷或者富裕,仕途通达或者科考不顺,这或许是由命运决定的,但积德行善是能够由自己决定的,只要心存善念,乐善好施,就能得到相应的吉祥、快乐。本篇与此前诸篇所主张的理念多有重复,可以将"吉"视为修身、齐家、治国的根本目的,即通过修身、齐家、治国等种种行为,给自己、给家庭、给社会、给后世子孙带来吉祥。

圣人敛福①；君子考祥②。

〔注释〕

　　①敛福:聚敛福气。语出《尚书·洪范》："敛时五福。"
　　②考祥:考察吉凶的征兆。语出《周易·履卦》："视履考祥,其旋元吉。"

〔译文〕

圣人能聚敛福气;君子能分辨吉凶的征兆。

作德日休①;为善最乐。

〔注释〕

①休:美,喜。语出《尚书·周官》:"作德,心逸日休。"

〔译文〕

做好事每天都欢喜;做善事最快乐。

开卷有益;作善降祥。

〔译文〕

打开书籍阅读,就会有好处;做好事,上天就会降下吉祥。

崇德效山;藏器学海。

〔译文〕

崇高自己的德行,要效法大山那样地高耸;增长自己的才能,要学习大海那样地包容。

群居守口;独坐防心。

〔译文〕

和很多人在一起生活,要守住嘴不乱说;自己一个人坐着,要防止心神不宁。

知足常乐;能忍自安。

〔译文〕

知道满足就经常快乐;能够忍耐自然心安。

穷达有命;吉凶由人。

〔译文〕

困顿还是显达,是由命运决定的;吉祥还是凶险,是由人自己决定的。

以镜自照见形容;以心自照见吉凶。

〔译文〕

用镜子照照自己,能看到外貌;用心照照自己,能看到吉凶。

善为至宝,一生用之不尽;心作良田,百世耕之有余。

〔译文〕

善是最宝贵的东西,一辈子享用不尽;心是最优良的田地,经过百代耕耘仍然有所富余。

世事让三分,天空地阔;心田培一点,子种孙收。

〔译文〕

世上的事情退让一点,才发现天地是那么宽阔;培养一点善的种子,留给子孙收获。

要好儿孙,须方寸中放宽一步①;欲成家业,宜凡事上吃亏三分。

〔注释〕

①方寸:指心。

〔译文〕

想要有好儿孙,需要心中想得开一些;想要成就家业,应该什么事情都肯吃些亏。

留福与儿孙,未必尽黄金白镪①;种心为产业,由来皆美宅良田。

〔注释〕

①白镪(qiǎng)：白银。

〔译文〕

给儿孙留下福气，不一定都是黄金白银；种下善心当作产业，从来都是好房好地。

存一点天理心，不必责效于后，子孙赖之；说几句阴骘话，纵未尽施于人，鬼神鉴之。

〔译文〕

心中留存一点天理，不用追求立马看到效果，子孙会依赖它的；说几句积阴德的话，即使没有全部施与人，鬼神也会观察到的。

非读书不能入圣贤之域；非积德不能生聪慧之儿。

〔译文〕

不读书不能进入圣贤的境界；不积德不能生出聪慧的孩子。

多积阴德，诸福自至，是取决于天；尽力农事，加倍收成,是取决于地;善教子孙,后嗣昌大,是取决于人。

〔译文〕

多多积累阴德,各种好事自然来了,这取决于天;尽力做农活,多些收成,这取决于地;善于教育子孙,后裔昌盛壮大,这取决于人。

事事培元气,其人必寿;念念存本心,其后必昌。

〔译文〕

做每件事都注意保护元气,这个人一定长寿;每个想法都有良心,他的后代必然昌盛。

勿谓一念可欺也,须知有天地鬼神之鉴察;勿谓一言可轻也,须知有前后左右之窃听;勿谓一事可忽也,须知有身家性命之关系;勿谓一时可逞也,须知有子孙祸福之报应。

〔译文〕

不要有一点欺心的念头,要知道有天地鬼神在鉴察;不要有一句轻薄的话语,要知道有前后左右的人在窃听;不要说有一件可以忽略的事情,要知道这关系到自身和家人的生命;不要有一时的放纵,要知道子孙会遭到报应。

人心一念之邪,而鬼在其中焉,因而欺侮之、播弄之,昼见于形像,夜见于梦魂,必酿其祸而后已,故邪心即是鬼,鬼与鬼相应,又何怪乎?人心一念之正,而神在其中焉,因而鉴察之、呵护之,上至于父母,下至于儿孙,必致其福而后已,故正心即是神,神与神相亲,又何疑乎?

〔译文〕

人心中的一个想法邪恶了,鬼就在里面了,因而欺侮、戏弄他,白天出现在身体里,夜里出现在梦魂中,一定要造成祸患才罢休,因此邪恶的想法就是鬼,鬼和鬼相呼应,又有什么奇怪的呢?人心中的一个想法正直了,神就在里面了,因而明察、呵护他,上到父母,下到儿孙,一定带来福气才算数,因此正直的想法就是神,神和神相互亲近,又有什么可怀疑的呢?

终日说善言,不如做了一件;终身行善事,须防错了一件。

〔译文〕

整天说好话,不如做一件好事;一辈子做好事,要提防做了一件错事。

物力艰难,要知吃饭穿衣谈何容易;光阴迅速,即使读书行善能有几多?

〔译文〕

得来财物很困难,要知道吃饭、穿衣都不容易;光阴倏忽逝去,就算是读书、做善事,能做多少呢?

只字必惜,贵之根也;粒米必珍,富之源也;片言必谨,福之基也;微命必护,寿之本也。

〔译文〕

一个字也必定珍惜,这是高贵的根本;一粒米也必定珍视,这是富裕的来源;一句话也必定谨慎,这是福气的根基;微小的生命也必定保护,这是长寿的根本。

作践五谷,非有奇祸,必有奇穷;爱惜只字,不但显荣,亦当延寿。

〔译文〕

糟践粮食,如果没有出乎意料的祸患,就一定有出乎意料的贫穷;爱惜文字,不但会显赫荣耀,也会延长寿命。

茹素,非圣人教也;好生,则上天意也。

〔译文〕

吃素,不是圣人的教导;爱护生命,是上天的意愿。

仁厚刻薄,是修短关①;谦抑盈满,是祸福关;勤俭奢惰,是贫富关;保养纵欲,是人鬼关。

〔注释〕

①修短:长短,指人的寿命长短。

〔译文〕

仁厚还是刻薄,是寿命长短的关键;谦虚还是自满,是遭灾还是得福的关键;勤劳节俭还是奢侈懒惰,是贫富的关键;保养身体还是放纵欲望,是做人还是做鬼的关键。

造物所忌,曰刻曰巧;万类相感,以诚以忠。

〔译文〕

造物主所忌讳的,是刻薄、是机巧;万物相互感应,靠的是诚实、是忠诚。

做人无成心,便带福气;做事有结果,亦是寿征。

〔译文〕

做人没有固执的看法,必然有福气;做事情有始有终,也是长寿的表征。

执拗者福轻,而圆通之人其福必厚;急躁者寿夭,而宽宏之士其寿必长。

〔译文〕

顽固的人福分轻薄,圆融通达的人福分必然深厚;急躁的人寿命短,宽宏的人寿命一定长。

谦卦六爻皆吉[①];"恕"字终身可行。

〔注释〕

①谦卦六爻:《周易》有六十四卦,谦卦即为其中一卦。六十四卦每卦都由六爻组成,每一爻都有解释其吉凶的爻辞。

〔译文〕

谦卦的六爻都是吉兆;"恕"这个字一辈子都要奉行。

作本色人;说根心话;干近情事。

〔译文〕

　　做天然不做作的人;说发自肺腑的话;做切近人情的事。

　　一点慈爱,不但是积德种子,亦是积福根苗,试看哪有不慈爱的圣贤?一念容忍,不但是无量德器,亦是无量福田,试看哪有不容忍的君子?

〔译文〕

　　付出一点慈爱,不仅是积累德行的种子,也是积累福气的秧苗,看看哪有不慈爱的圣贤呢?念头里的一点容忍,不仅是无法计量的修养,也是无法计量的福报,看看哪有不容忍的君子呢?

　　好恶之念①,萌于夜气②,息之于静也;恻隐之心,发于乍见,感之于动也。

〔注释〕

　　①好恶:善恶,这里偏指善。
　　②夜气:夜晚所产生的善念。语出《孟子·告子上》:"夜气不足以存。"

〔译文〕

　　善良的念头,萌发于夜气,在平静中生息;同情的心,发生于乍一看见,在行动之中有所感受。

塑像栖神,盍归奉亲①;造院居僧,盍往救贫。

〔注释〕

①盍(hé):何不。

〔译文〕

塑造雕像供奉神灵,为什么不回家侍奉双亲?建造寺院供养僧侣,为什么不去救助贫苦的人?

费千金而结纳势豪,孰若倾半瓢之粟以济饥饿;构千楹而招徕宾客①,何如葺数椽之茅以庇孤寒。

〔注释〕

①千楹:上千间房屋。

〔译文〕

花费大量金钱去结交有势力的人,怎么比得上倒一点米去救济饥饿的人;建筑大量房屋去招待客人,怎么比得上修葺只有几根椽子的茅屋去庇护家境贫寒的人。

悯济人穷,虽分文升合①,亦是福田;乐与人善,即只字片言,皆为良药。

〔注释〕

①合:十分之一升。

〔译文〕

怜悯救济贫苦的人,即使是一分一文、一升一合,也是福田;愿意与人为善,即使只是短短几句话,都是良药。

贱占田园,决生败子;尊崇师傅,定产贤郎。

〔译文〕

以低廉的价格霸占别人的田园,一定会生出败家子;尊敬崇敬老师,一定会生出贤良的孩子。

平居寡欲养身,临大节则达生委命①;治家量入为出,干好事则仗义轻财。

〔注释〕

①临大节:面对生死存亡的紧要关头。语出《论语·泰伯》:"临大节而不可夺也。"达生:通达生命,指参透人生。语出《庄子·达生》:"达生之情者,不务生之所无以为。"

〔译文〕

平日里要节制欲望保养身体,面临大节考验的时候要看透生死、付以性命;经营家庭要平衡收入和支出,做好事就凭借道义轻视钱财。

善用力者就力;善用势者就势;善用智者就智;善用财者就财。

〔译文〕

善于使用力量的人,会就着力量用力;善于利用形势的人,会就着形势的发展而行动;善于运用智慧的人,会就着智慧去做事;善于使用钱财的人,会就着钱财的功用去做事。

身世多险途,急须寻求安宅;光阴同过客,切莫汩没主翁①。

〔注释〕

①汩(gǔ)没:淹没。

〔译文〕

人生有很多艰险的际遇,非常需要寻求一个安稳的居所;光阴就像匆匆的过客,千万不要虚掷,淹没了主人。

莫忘祖父积阴功,须知文字无权,全凭阴骘;最怕生平坏心术,毕竟主司有眼,如见心田[①]。

〔注释〕

①"人间文字无权,全凭阴德;天上主司有眼,单看心田",为旧时常用联,劝人行善积德以在科考中取得功名。

〔译文〕

不要忘了祖辈、父辈积累下的阴德,要知道科考是否顺利,文字没有办法衡量,全是靠阴德;最担心的是心术不正,毕竟主考官有慧眼,好像能看到一个人的内心。

天下第一种可敬人,忠臣孝子;天下第一种可怜人,寡妇孤儿。

〔译文〕

天底下最可敬的人,是忠臣孝子;天底下最可怜的人,是寡妇孤儿。

孝子,百世之宗;仁人,天下之命。

〔译文〕

孝子,是世世代代的榜样;仁人,是天下的命脉。

形之正,不求影之直而影自直;声之平,不求响之和而响自和;德之崇,不求名之远而名自远。

〔译文〕

身形端正,不用追求影子直而影子自然直;声音平和,不用追求回声平和而回声自然平和;道德崇高,不用追求声名远播而声名自然远播。

有阴德者,必有阳报;有隐行者,必有昭名。

〔译文〕

积阴德的人,一定有公开的回报;悄悄做好事的人,一定有显明的声誉。

施必有报者,天地之定理,仁人述之以劝人;施不望报者,圣贤之盛心,君子存之以济世。

〔译文〕

施恩一定会有回报,这是天地间的定理,仁德的人讲述它用来劝人向善;施恩而不希望回报,这是圣贤美好的心灵,君子存有它用来帮助世人。

面前的理路要放得宽①,使人无不平之叹;身后的惠泽要流得远,令人有不匮之思②。

〔注释〕

①理路:道理。
②匮(kuì):穷尽。

〔译文〕

眼前的道理要想得宽些,让别人不会为你叹息不公平;身后的恩泽要流传得远些,让别人会有不尽的思念。

不可不存时时可死之心;不可不行步步求生之事。

〔译文〕

不能没有随时可能死去的心态;不能不做步步都是为了谋求生存的事情。

作恶事,须防鬼神知;干好事,莫怕旁人笑。

〔译文〕

做坏事,要防着被鬼神知道;做好事,不要怕被别人嘲笑。

吾本薄福人,宜行惜福事;吾本薄德人,宜行积德事。

〔译文〕

我原本是福分浅薄的人,应该做珍惜福分的事情;我原本是德行浅薄的人,应该做积累德行的事情。

薄福者必刻薄,刻薄则福愈薄矣;厚福者必宽厚,宽厚则福益厚矣。

〔译文〕

没福气的人一定刻薄,如果刻薄那么福气就更少了;有福气的人一定宽厚,如果宽厚那么福气就更多了。

有工夫读书谓之福;有力量济人谓之福;有著述行世谓之福;有聪明浑厚之儿谓之福;无是非到耳谓之福;无疾病缠身谓之福;无尘俗撄心谓之福[①];无兵凶荒歉之岁谓之福。

〔注释〕

①撄(yīng):缠绕,扰乱。

〔译文〕

有时间读书叫作福;有能力救济别人叫作福;有著作在世间

流行叫作福;有聪明敦厚的孩子叫作福;没有是非之词传到耳朵里叫作福;没有疾病缠身叫作福;没有俗事烦心叫作福;没有兵荒马乱、饥荒歉收的年岁叫作福。

从热闹场中,出几句清冷言语,便扫除无限杀机;向寒微路上,用一点赤热心肠,自培植许多生意。

〔译文〕

在喧嚣热闹的场合,说几句冷静提醒的话,就会避免很多危险灾祸;遇到贫苦的人,多一点热心帮助,自然会带来勃勃生机。

入瑶树琼林中皆宝①;有谦德仁心者为祥。

〔注释〕

①瑶树琼林:瑶树、琼树都是传说中的仙树,这里指充满珍宝的仙境。

〔译文〕

进入瑶树琼林里,到处都是珍宝;怀有谦虚仁德之心,就是吉祥。

谈经济外①,宁谈艺术②,可以给用;谈日用外,宁谈山水,可以息机;谈心性外,宁谈因果,可以劝善。

〔注释〕

①经济:经世济民。

②艺术:各种技术技能。

〔译文〕

除了谈论经世济民的方略,宁愿谈论技艺,可以有助于日常生活;除了谈论日常生活,宁愿谈论山水,可以熄灭心机;除了谈论心性,宁愿谈论因果,可以劝人向善。

艺花可以邀蝶;垒石可以邀云;栽松可以邀风;植柳可以邀蝉;贮水可以邀萍;筑台可以邀月;种蕉可以邀雨;藏书可以邀友;积德可以邀天。

〔译文〕

种植花草,可以邀来蝴蝶;垒堆石头,可以邀来白云;栽植松树,可以邀来清风;种植柳树,可以邀来鸣蝉;贮藏池水,可以邀来浮萍;建筑高台,可以邀来明月;种植芭蕉,可以邀来雨水;收藏书籍,可以邀来朋友;积累善行,可以邀来上天。

作德日休①,是谓"福地"②;居易俟命③,是谓"洞天"④。

〔注释〕

①休:美,喜。语出《尚书·周官》:"作德,心逸日休。"
②福地:神仙的居所。
③易:平安。语出《礼记·中庸》:"故君子居易以俟命。"
④洞天:神仙的居所。

〔译文〕

做好事每天都欢喜,这就叫"福地";处在平安的地方顺应天命,这就叫"洞天"。

心地上无波涛,随在皆风恬浪静;性天中有化育,触处见鱼跃鸢飞。

〔译文〕

心中不起波澜,随处都风平浪静;天性中有教化、培育,到处都看得到鱼儿跳跃、老鹰翱翔。

贫贱忧戚是我分内事,当动心忍性,静以俟之,更行一切善以斡转之①;富贵福泽是我分外事,当保泰持盈,慎以守之,更造一切福以凝承之。

〔注释〕

①斡(wò)转:运转。

〔译文〕

贫苦、低贱、忧愁、烦恼都是我应得的,应该隐忍心性,静静等待,更要做所有好事去转变它;富裕、高贵、福气、恩泽都是我额外拥有的,应该保持这种平安、充足,谨慎守护,更要创造所有福分去凝固、传承它。

世网哪能跳出,但当忍性耐心,自安义命,即网罗中之安乐窝也;尘务岂能尽捐,惟不起炉作灶,自取纠缠,即火坑中之清凉散也①。

〔注释〕

①清凉散:药名,这里指使人清凉的东西。

〔译文〕

俗世的尘网怎么能跳得出去,只要忍耐心性、安于天命,这就是罗网中的安乐窝了;俗世的事务怎么能全都抛弃,只要不另起炉灶大费周章、自取烦恼,这就是火坑里的清凉药了。

热不可除,而热恼可除,秋在清凉台上;穷不可遣,而穷愁可遣,春生安乐窝中。

〔译文〕

天气炎热没办法消除,但因炎热而生的烦躁可以消除,秋天就在可以使心境清凉的地方；贫穷没办法排遣，但因贫穷而生的忧愁可以排遣，春天就在让人安心快乐的地方。

富贵贫贱，总难称意，知足即为称意；山水花竹，无恒主人，得闲便是主人。

〔译文〕

富贵贫贱，总是难以称心如意，知道满足就可以称心如意了；山水花竹，没有持久不变的主人，有空闲时间去欣赏的人就是它们的主人。

要足何时足，知足便足；求闲不得闲，偷闲即闲。

〔译文〕

想要满足，什么时候才算满足？知道满足就是满足了；刻意追求空闲是得不到空闲的，挤出空闲的时间就是空闲了。

知足常足，终身不辱；知止常止，终身不耻。

〔译文〕

知道满足、常常满足，一辈子不受到侮辱；知道停止、常常停止，一辈子不会感到羞耻。

急行缓行,前程总有许多路;逆取顺取,命中只有这般财。

〔译文〕

不管快走还是慢走,前面总是有许多的路;不管困难取得还是顺利取得,命中注定只有这些财产。

理欲交争,肺腑成为吴越①;物我一体,参商终是弟兄②。

〔注释〕

①肺腑:指内心。吴越:春秋时的吴国、越国。两国互为敌国。
②参商:参和商都是二十八宿之一,两者不同时在天空中出现,比喻不能会面或感情不和睦。

〔译文〕

天理和欲望交相争战,内心就会像吴国与越国那样互为敌国;万物与我融为一体,感情不和睦即使像参星与商星那样也能成为兄弟。

以积货财之心积学问;以求功名之心求道德;以爱妻子之心爱父母;以保爵位之心保国家。

〔译文〕

用囤积财产的心去积累学问;用求取功名的心去探求道德;用爱护妻子儿女的心去孝顺父母;用保守官爵的心去保护国家。

移作无益之费以作有益,则事举;移乐宴乐之时以乐讲习,则智长;移信异端之意以信圣贤,则道明;移好财色之心以好仁义,则德立;移计利害之私以计是非,则义精;移养小人之禄以养君子,则国治;移输和戎之赀以输军国①,则兵足;移保身家之念以保百姓,则民安。

〔注释〕

①和戎:与戎狄和睦。

〔译文〕

把没必要的花费拿去做有好处的事,那么事情就能成功;把享受宴会的时间拿去研讨学习,那么智慧就能增长;把相信异端邪说的想法拿去相信圣贤,那么天道就会显明;把贪恋财色的心拿去喜好仁义,那么德行就会树立起来;把计算利害得失的私心拿去计算是非对错,那么道义就会精熟;把养小人的俸禄拿来养君子,那么国家就会安定;把为了和睦而输送给外族的钱财拿来充实国防,那么兵器就会充足;把保全自身和家庭的想法拿来保全百姓,那么百姓就会平安。

做大官的,是一样家数①;做好人的,是一样家数。

〔注释〕

①家数:方法,路径。

〔译文〕

做大官的,有做大官的路子;做好人的,有做好人的路径。

潜居尽可以为善,何必显宦,躬行孝弟,志在圣贤,纂辑先哲格言,刊刻广布,行见化行一时①,泽流后世,事业之不朽,蔑以加焉②;贫贱尽可以积福,何必富贵,存平等心,行方便事③,效法前人懿行,训俗型方④,自然谊敦宗族,德被乡邻,利济之无穷,孰大于是。

〔注释〕

①化行:教化施行。
②蔑:没有。
③方便:给人以帮助。
④型方:以方正为楷模。

〔译文〕

隐居完全可以做善事,不一定非做高官,亲身践行孝顺父母、友爱兄长的美德,志愿在于效法圣贤,编纂搜集先哲的格言,将其刊刻广为传布,可以看到教化在当时施行,德泽在后世流传,没有比这更长久的事业了;贫贱完全可以积福,不一定非要富贵,保持平等待人的心,做有助于别人的事,仿照前人的善行,教化民众把品行方正的人作为楷模,自然能和睦宗族,恩惠乡邻,施行救济和恩惠没有比这更大的了。

一时劝人以口;百世劝人以书。

〔译文〕

用言语劝导别人,可以解决一时的困惑;用书籍劝导别人,可以传布百世。

静以修身,俭以养德;入则笃行,出则友贤。

〔译文〕

用安静提高修养,用节俭培养德行;在家就忠实地践行,出外就与贤者为友。

读书者不贱;守田者不饥;积德者不倾;择交者不败。

〔译文〕

读书的人不会低贱;守着田地的人不会挨饿;积德的人不会

倾家荡产;慎重择友的人不会失败。

明镜止水以澄心;泰山乔岳以立身;青天白日以应事;霁月光风以待人。

〔译文〕

心境要像明亮的镜子、平静的水面一样澄澈;为人要像高山一样厚重正直;做事要像青天、白日一样光明正大;对待别人要像明月、和风一样温柔和畅。

省费医贫;弹琴医躁;独卧医淫;随缘医愁;读书医俗。

〔译文〕

节省花费可以医治贫穷;弹奏古琴可以医治浮躁;独自卧床可以医治淫欲;随遇而安可以医治忧愁;读书可以医治庸俗。

以鲜花视美色,则孽障自消;以流水听弦歌①,则性灵何害?

〔注释〕

①弦歌:用琴瑟伴奏歌咏诗篇。孔子弟子子游用弦歌教化百姓。

〔译文〕

把美色视作迟早会凋零的鲜花,那么罪恶的想法自然就消融了;把流水声当成可以修身养性的弦歌,那么心灵怎么能被伤害呢?

养德宜操琴;炼智宜弹棋①;遣情宜赋诗;辅气宜酌酒;解事宜读史;得意宜临书;静坐宜焚香;醒睡宜嚼茗②;体物宜展画;适境宜按歌;阅候宜灌花;保形宜课药;隐心宜调鹤③;孤况宜闻蛩④;涉趣宜观鱼;忘机宜饲雀;幽寻宜藉草;淡味宜掬泉;独立宜望山;闲吟宜倚树;清谈宜剪烛⑤;狂啸宜登台;逸兴宜投壶⑥;结想宜欹枕;息缘宜闭户;探景宜携囊⑦;爽致宜临风;愁怀宜仠月;倦游宜听雨;元悟宜对雪⑧;辟寒宜映日;空累宜看云;谈道宜访友;福后宜积德。

〔注释〕

①弹棋:古代的一种棋类游戏。
②醒睡:打瞌睡。
③调鹤:养鹤,被视为隐居生活中的一种自娱。宋人林逋隐居时即种梅、养鹤。
④蛩(qióng):蟋蟀。
⑤剪(jiǎn)烛:修剪灯烛的烛芯以使灯明亮,指促膝夜谈。唐代诗人

李商隐《夜雨寄北》:"何当共剪西窗烛,却话巴山夜雨时。"

⑥投壶:古时聚会饮酒时的一种游戏。

⑦携囊:携带锦囊。据传,唐代诗人李贺外出常携一破旧锦囊,遇有所得,就记下来放在锦囊中。

⑧元悟:即玄悟,指深悟、妙悟。清人避康熙帝玄烨名讳,用"元"代"玄"。

〔译文〕

　　修养德行应该弹琴;磨炼智力应该玩弹棋;排遣情思应该作诗;辅助胆量应该饮酒;想了解事理应该读史书;高兴时应该临帖写字;静坐时应该焚香;打瞌睡时应该喝茶;体察万物应该观画;在舒适的环境应该按乐而歌;了解气候应该养花;保证身体健康应该按时进补;隐居应该养鹤;孤独的时候应该听虫鸣;寻赏趣味应该观鱼;丢掉心机应该喂雀;寻觅幽境应该垫草而卧;清淡口味应该捧泉而饮;一个人独自站立应该望山;悠闲吟诗应该倚靠着大树;清雅闲谈应该促膝秉烛;高声呼号应该登到高台之上;有了超俗的兴致应该投壶饮酒;想事情应该靠在枕头上;停止交友应该闭门不出;探索美景时应该携带锦囊;心情舒爽时应该迎风而立;心有烦愁时应该对月而立;游玩的兴致疲倦了应该听雨;有了妙悟应该观雪;驱寒应该照太阳;疲乏劳累时应该看云;谈论天道应该访问朋友;福泽后代子孙应该积德。

惠　吉　｜　231

悖　凶

[题解]

　　《朱子语类》:"太极首言性命之源,用力处却在修吉、悖凶,其本则主于静。""悖凶"与"修吉"并举,为远离、化解凶险之义,此篇置于《惠吉》之后,或许也与此有关。"凶"有多种类型,比如生病、死亡,比如遭人算计、子孙不幸,而造成"凶"的原因也是多种多样,如何才能远离凶险?此篇所收格言寓意侧重于两点:一是积德行善,不仅可以避免自己遭遇灾祸,而且可以给后世子孙带来福气;二是在凶兆未来之前保持谨慎、宽厚,所谓"福兮祸所伏",此篇中,多则格言涉及福祸的辩证关系,表达的理念是权力、财富都可能招致凶险,归根结底还是要多做好事、积阴德才能带来福报。

　　富贵家不肯从宽,必遭横祸;聪明人不肯学厚,必夭天年。

[译文]

　　富贵的人家如果不肯宽厚待人,一定遭受横祸;聪明的人如果不肯学习厚道,一定早早夭亡。

倚势欺人,势尽而为人欺;恃财侮人,财散而受人侮。

〔译文〕

依仗权势欺侮别人,权势没有了就会被人欺侮;依仗钱财欺侮别人,钱财散尽了就会被人欺侮。

暗里算人者,算的是自家儿孙;空中造谤者,造的是本身罪孽。

〔译文〕

暗地里算计别人,算计的是自家的后代;凭空造谣诽谤,造的是自己的罪孽。

饱肥甘,衣轻暖,不知节者损福;广积聚,骄富贵,不知止者杀身。

〔译文〕

吃肥美甘甜的食物,穿轻软暖和的衣服,不知道节约的人会减损福气;到处囤积聚集,凭富贵而骄横,不知道适可而止的人会丧失性命。

文艺自多,浮薄之心也;富贵自雄,卑陋之见也。

〔译文〕

　　因为擅长写作而自满,是浮躁轻薄的心理;因为富贵而自以为了不起,是鄙陋的见解。

　　位尊身危;财多命殆。

〔译文〕

　　地位尊贵,生命危险;财产太多,性命危险。

　　机者,祸福所由伏,人生于机,即死于机也;巧者,鬼神所最忌,人有大巧,必有大拙也。

〔译文〕

　　机巧,是祸福所潜伏的地方,人因为机巧而活,也就因为机巧而死;机巧,是鬼神所忌讳的,人有大的机巧,一定有大的笨拙。

　　出薄言,做薄事,存薄心,种种皆薄,未免灾及其身;设阴谋,积阴私①,伤阴骘,事事皆阴,自然殃流后代。

〔注释〕

①阴私:不可告人的事。

〔译文〕

说刻薄话,做刻薄事,存刻薄心,什么事情都刻薄,难免灾祸及身;设计阴谋,积累阴私,伤及阴德,什么事情都不光明正大,自然会殃及子孙后代。

积德于人所不知,是谓阴德,阴德之报,较阳德倍多;造恶于人所不知,是谓阴恶,阴恶之报,较阳恶加惨。

〔译文〕

在别人不知道的地方积德,是阴德,阴德的福报比阳德多很多倍;在别人不知道的地方作恶,是阴恶,阴恶的报应比阳恶更悲惨。

家运有盛衰,久暂虽殊,消长循环如昼夜;人谋分巧拙,智愚各别,鬼神彰瘅最严明①。

〔注释〕

①彰瘅(dàn):即彰善瘅恶,表彰善行、憎恨恶行。

〔译文〕

家庭的运势有盛有衰,长久或者短暂虽然不一样,但就像昼夜一样此消彼长循环往复;人的谋略有巧有拙,聪明或者愚笨各有不同,鬼神惩恶扬善最为严肃公正。

天堂无则已,有则君子登;地狱无则已,有则小人入。

〔译文〕

天堂没有则罢了,如果有,就是君子升入;地狱没有则罢了,如果有,就是小人进去。

为恶畏人知,恶中冀有转念;为善欲人知,善处即是恶根。

〔译文〕

做恶事如果怕被别人知道,那么邪恶之中有转变想法的希望;做善事如果想要别人知道,那么善良的地方就是邪恶的根源。

谓鬼神之无知,不应祈福;谓鬼神之有知,不当为非。

〔译文〕

认为鬼神什么都不知道,就不应该祈求赐福;认为鬼神知晓天下事,就不应该为非作歹。

势可为恶而不为,即是善;力可行善而不行,即是恶。

〔译文〕

情势所迫做恶事,却不做,就是善;有能力做善事,却不做,就是恶。

于福作罪,其罪非轻;于苦作福,其福最大。

〔译文〕

生活幸福却犯罪,他的罪过不轻;生活困苦却做好事,他的福气最大。

行善如春园之草,不见其长,日有所增;行恶如磨刀之砖,不见其消,日有所损。

〔译文〕

做善事就像春天园地里的草,看不到它生长,但每天都有所增长；做恶事就像用来磨刀的砖块，看不到它消减，但每天都有所损失。

　　使为善而父母怒之，兄弟怨之，子孙羞之，宗族乡党贱恶之，如此而不为善可也；为善则父母爱之，兄弟悦之，子孙荣之，宗族乡党敬信之，何苦而不为善？使为恶而父母爱之，兄弟悦之，子孙荣之，宗族乡党敬信之，如此而为恶可也；为恶则父母怒之，兄弟怨之，子孙羞之，宗族乡党贱恶之，何苦而必为恶？

〔译文〕

　　假使做善事会让父母气恼，兄弟怨恨，子孙羞愧，族人乡亲轻贱厌恶，这样的话不做善事是可以的；做善事使父母疼爱，兄弟喜欢，子孙荣耀，族人乡亲尊敬信任，为什么不做善事呢？做坏事使父母疼爱，兄弟喜欢，子孙荣耀，族人乡亲尊敬信任，这样的话做坏事是可以的；做恶事让父母气恼，兄弟怨恨，子孙羞愧，族人乡亲轻贱厌恶，为什么一定要做恶事呢？

　　为善之人，非独其宗族亲戚爱之，朋友乡党敬之，虽鬼神亦阴相之；为恶之人，非独其宗族亲戚叛之，朋友乡党怨之，虽鬼神亦阴殛之①。

〔注释〕

①殛(jí):惩罚。

〔译文〕

做善事的人,非但他的族人亲戚喜爱他,朋友乡亲尊敬他,即使鬼神也暗中帮助他;做恶事的人,非但他的族人亲戚背叛他,朋友乡亲怨恨他,即使鬼神也暗中惩罚他。

为一善而此心快惬,不必自言而乡党称誉之,君子敬礼之,鬼神福祚之,身后传诵之;为一恶而此心愧怍,虽欲掩护而乡党传笑之,王法刑辱之,鬼神灾祸之,身后指说之。

〔译文〕

做一件善事,这颗心就快乐惬意,不用自己去说,乡亲会赞誉他,君子会礼敬他,鬼神会赐予他福气,去世后会有人传诵他的事迹;做一件恶事,这颗心就会羞愧,即使想遮盖,乡亲也会口口相传嘲笑他,法律也会用刑罚侮辱他,鬼神也会降灾祸于他,死后也会有人对他指指点点。

一命之士①,苟存心于爱物,于人必有所济;无用之人,苟存心于利己,于人必有所害。

〔注释〕

①一命:初级的官阶。

〔译文〕

即使是官阶低微的官员,如果心里想着爱护万物,对于别人必然有所帮助;即使是没有才能的人,如果心里想的都是如何对自己有好处,对于别人必然有所伤害。

膏粱积于家而剥削人之糠核①,终必自亡其膏粱;文绣充于室而攘取人之敝裘,终必自丧其文绣。

〔注释〕

①糠核:谷壳、麦屑,指粗劣的粮食。核,通"籺"。

〔译文〕

肥肉、精米囤积在家中,却去剥削别人的谷壳、麦屑,最终一定会失去那些肥肉、精米;华美的衣服充满了屋内,却去掠夺别人破旧的皮衣,最终一定会失去那些华美的衣服。

天下无穷大好事,皆由于轻利之一念,利一轻,则事事悉属天理,为圣为贤从此进基;天下无穷不肖事,皆由于重利之一念,利一重,则念念皆违人心,为盗为跖从此直入。

〔译文〕

天底下最大的好事,都是因为轻视利益这个想法,一轻视利益,就什么事都属于天理,做圣人、做贤人从这里入门;天底下最不好的事,都是因为重视利益这个想法,一重视利益,就什么想法都违背人心,做盗、做贼从此开端。

清欲人知,人情之常,今吾见有贪欲人知者矣,朵其颐[1],垂其涎,惟恐人误视为灵龟而不饱其欲也[2];善不自伐,盛德之事,今吾见有自伐其恶者矣,张其牙,露其爪,惟恐人不识为猛虎而不畏其威也。

〔注释〕

[1] 朵其颐:鼓腮而嚼。朵,指两腮塞满食物的样子。颐,腮。
[2] 灵龟:灵龟可以忍受饥饿,长时间不吃东西,用来比喻美好的品质。语出《周易·颐卦》:"舍尔灵龟,观我朵颐。"

〔译文〕

自己清廉想让人知道,这是人之常情,现在我看见有人想让人知道自己贪婪,他鼓起腮帮,流下口水,只怕别人错把他当作灵龟,不能满足他的欲望;善良而不自夸,这是高尚的事,现在我看见有人自夸邪恶,他张开大口显出牙齿,露出锋利的爪子,只怕别人不认识他是猛虎,不畏惧他的淫威。

以奢为有福;以杀为有禄;以淫为有缘;以诈为有谋;以贪为有为;以吝为有守;以争为有气;以嗔为有威;以赌为有技;以讼为有才。

〔译文〕

把奢侈当作有福气;把杀人当作有地位;把淫乱当作有缘分;把狡诈当作有谋略;把贪婪当作有作为;把吝啬当作有操守;把争抢当作有气势;把发怒当作有威严;把赌博当作有技巧;把诉讼当作有才能。

谋馆如鼠①,得馆如虎,鄙主人而薄弟子者,塾师之无耻也;卖药如仙,用药如颠,贼人命而诿天数者②,医师之无耻也;觅地如瞽③,谈地如舞,矜异传而谤同道者,地师之无耻也④。

〔注释〕

①馆:指私塾。
②贼:伤害,杀害。
③瞽(gǔ):眼盲。
④地师:风水先生。

〔译文〕

谋取私塾老师职位的时候胆怯得像老鼠,取得私塾老师职位以后凶恶得像老虎,鄙视家长、轻视学生,这是私塾老师不知羞耻;卖药的时候把自己吹嘘得像神仙,用药的时候胡乱配伍像癫狂了一样,毁了人家的性命却推诿为天数注定,这是医生不知羞耻;寻找风水地点的时候胡乱得像眼瞎一样,谈论风水地点时指手画脚像跳舞一样,夸耀自己独门绝技而毁谤同行,这是风水先生不知羞耻。

不可信之师,勿以私情荐之,使人托以子弟;不可信之医,勿以私情荐之,使人托以生命;不可信之堪舆①,勿以私情荐之,使人托以先骸;不可信之女子,勿以私情媒之,使人托以宗嗣。

〔注释〕

①堪舆:风水,这里指以堪舆为业的人,即风水先生。

〔译文〕

不可信的老师,不要因为私人关系而推荐他,使人把子侄托付给他;不可信的医生,不要因为私人关系而推荐他,使人把生命托付给他;不可信的风水先生,不要因为私人关系而推荐他,使人把先人的骸骨托付给他;不可信的女子,不要因为私人关系给她做媒,使人把子孙后代托付给她。

肆傲者纳侮;讳过者长恶;贪利者害己;纵欲者戕生。

〔译文〕

放肆傲慢的人招人轻慢;忌讳说自己过错的人会生出恶习;贪图利益的人会害了自己;放纵欲望的人会伤害生命。

鱼吞饵,蛾扑火,未得而先丧其身;猩醉醴①,蚊饱血,已得而随亡其躯;鸬食鱼②,蜂酿蜜,虽得而不享其利。

〔注释〕

①猩醉醴(lǐ):古时有一则寓言,猩猩因贪酒而落入陷阱,丢了性命。醴,甜酒。
②鸬(cí):鸬鹚,一种水鸟,善捕鱼,驯化后,可以将捕到的鱼吐出来交给渔夫。

〔译文〕

鱼吞食鱼饵,蛾扑向烈火,尚未得到就先丧了命;猩猩醉酒,蚊子吸血,得到之后就没了性命;鸬鹚捕鱼,蜜蜂酿蜜,虽然得到了却享受不到其中的利益。

欲不除似蛾扑灯,焚身乃止;贪不了如猩嗜酒,鞭血方休。

〔译文〕

欲望不消除,就像飞蛾扑火,焚烧了身体才停止;贪欲不终止,就像猩猩喝酒,被打出了血才停止。

明星朗月,何处不可翱翔,而飞蛾独趋灯焰;嘉卉清泉,何物不可饮啄,而蝇蚋争嗜腥膻①。

〔注释〕

①蚋(ruì):蚊子。

〔译文〕

星星、月亮多么明亮,哪里不可以翱翔,但飞蛾独独向灯焰飞去;芳草、清泉,什么东西不能吃、不能喝,但苍蝇和蚊子争相喜欢那些腥膻的东西。

飞蛾死于明火,故有奇智者必有奇殃;游鱼死于芳纶①,故有美嗜者必有美毒。

〔注释〕

①纶:钓鱼用的线。

〔译文〕

飞蛾死于明亮之火,因此有特殊智慧的东西必然有特殊的灾殃;游鱼死于漂亮的鱼线,因此贪恋美好的东西必然被其所毒害。

慨夏畦之劳劳①,秋毫无补②;笑冬烘之贸贸③,春梦方回④。

〔注释〕

①夏畦(qí):夏天在田野里劳作的人,后比喻对人谄媚。语出《孟子·滕文公下》:"胁肩谄笑,病于夏畦。"
②秋毫:秋季鸟兽的毫毛,比喻细微的事物。
③冬烘:迂腐的人。贸贸:糊涂。
④春梦:幻梦。此联为文字游戏,形式上"夏"对"秋","冬"对"春",但四字在句中都不是实指季节。

〔译文〕

感慨谄媚的人劳劳碌碌,却一点好处都得不到;可笑迂腐的人糊糊涂涂,什么时候才能从幻梦回到现实。

吉人无论处世平和①,即梦寐神魂,无非生意;凶人不但作事乖戾,即声音笑貌,浑是杀机。

〔注释〕

①无论:不只是。

〔译文〕

好人不只是为人处世平和,就是睡梦时的心神,也是生机勃勃;恶人不仅做事情荒诞不经,就算是欢笑的模样,也都充满恶意。

仁人心地宽舒,事事有宽舒气象,故福集而庆长;鄙夫胸怀苛刻,事事以苛刻为能,故禄薄而泽短。

〔译文〕

仁厚的人心胸宽广从容,对待任何事情都有宽广从容的态度,因此福气汇集而喜庆长久;鄙俗的人心胸狭窄刻薄,对待任何事情都把狭窄刻薄当作能耐,因此福禄浅薄而恩泽短暂。

充一个公己公人心,便是吴越一家①;任一个自私自利心,便是父子仇雠②。

〔注释〕

①吴越:春秋时的吴国、越国。两国互为敌国。已见前注。
②仇雠(chóu):仇人、冤家。

〔译文〕

　　有一颗对自己、对别人都公正的心,吴越也能成为一家人;有一颗自私自利的心,即便父子也会成为仇人。

　　理以心为用,心死于欲则理灭,如根株斩而木亦坏也;心以理为本,理被欲害则心亡,如水泉竭而河亦干也。

〔译文〕

　　天理为人心所用,如果人心因欲望而死,那么天理就泯灭了,如同根基被砍断了,树木就被损坏了;人心以天理为根本,如果天理被欲望所害,那么心就死了,如同泉水枯竭了,河流也就干涸了。

　　鱼与水相合,不可离也,离水则鱼槁矣;形与气相合,不可离也,离气则形坏矣;心与理相合,不可离也,离理则心死矣。

〔译文〕

　　鱼儿和水相互投合,不可以分离,离开了水,鱼儿就死了;形体与精神相互投合,不可以分离,离开了精神,形体就损坏了;人心与天理相互投合,不可以分离,离开了天理,人心就死了。

天理是清虚之物,清虚则灵,灵则活;人欲是渣滓之物,渣滓则蠢,蠢则死。

〔译文〕

天理是清净虚无的,清净虚无就灵动,灵动就生机勃勃;人欲是残渣废物,残渣废物就愚蠢,愚蠢就死气沉沉。

毋以嗜欲杀身;毋以货财杀子孙;毋以政事杀百姓;毋以学术杀天下后世。

〔译文〕

不要因为贪图享受而伤害身体;不要因为贪求财物而伤害子孙;不要因为施政不当而伤害百姓;不要以学术的名义而伤害天下后世学人。

毋执去来之势而为权;毋固得丧之位而为宠;毋恃聚散之财而为利;毋认离合之形而为我。

〔译文〕

不要执着于来去无常的权势而去追逐权力;不要固执于得失无常的官位而去争宠;不要依仗于聚散无常的钱财而去谋利;不要认定生死无常的肉体就是"我"。

贪了世味的滋益,必招性分的损;讨了人事的便宜,必吃天道的亏。

〔译文〕

贪求了世间滋味的好处,一定会招致天性的损失;讨得了人间世事的好处,一定会吃天道的亏。

精工言语,于行事毫不相干;照管皮毛,与性灵有何关涉?

〔译文〕

精心加工的语言,和做事没有任何关系;关注外表,和内心精神有什么关系呢?

荆棘满野而望收嘉禾者,愚;私念满胸而欲求福应者,悖。

〔译文〕

荆棘遍布田野却盼望收获好庄稼,这样的人很愚蠢;自私的念头充盈心头却想要求得福报,这样的人很荒谬。

庄敬非但日强也,凝心静气,觉分阴寸晷倍自舒长①;安肆非但日偷也②,意纵神驰,虽累月经年亦形迅驶。

〔注释〕

①分阴寸晷(guǐ):极短的时间。晷,指太阳的影子。语出《礼记·表记》:"君子庄敬日强,安肆日偷。"
②安肆:安乐放肆。偷:怠惰。

〔译文〕

端庄恭敬,不仅日益强健,用心专注、气息平缓,会觉得很短的时间成倍地舒缓延长;享乐放纵,不仅日益虚弱,意志不专、精神涣散,即使很久的时间也会觉得倏忽而逝。

自家过恶自家省,待祸败时,省已迟矣;自家病痛自家医,待死亡时,医已晚矣。

〔译文〕

自己的错误及时反省,等到灾祸与失败来临的时候,反省已经来不及了;自己的病痛及时医治,等到死亡将至的时候,医治已经晚了。

多事为读书第一病;多欲为养生第一病;多言为涉

世第一病；多智为立心第一病；多费为作家第一病①。

[注释]

①作家：管理家庭。

[译文]

做多余的事是读书最大的问题；欲望太多是养生最大的问题；多嘴是处世最大的问题；计谋太多是立志最大的问题；花费太多是管理家庭最大的问题。

今之用人，只怕无去处，不知其病根在来处；今之理财，只怕无来处，不知其病根在去处。

[译文]

现在使用人才，只担心没有地方安置，不知道关键在于要先把人选好；现在管理钱财，只担心没有财源，却不知道关键是如何用好。

贫不足羞，可羞是贫而无志；贱不足恶，可恶是贱而无能；老不足叹，可叹是老而无成；死不足悲，可悲是死而无补。

[译文]

贫穷不足以让人感到羞耻，让人羞耻的是贫穷却没有志气；

低贱不足以让人感到可恶,让人可恶的是低贱却没有才能;衰老不足以让人哀叹,让人哀叹的是衰老了却没有成就;死亡不足以让人悲伤,让人悲伤的是死了却对社会没有贡献。

事到全美处,怨我者难开指摘之端;行到至污处,爱我者莫施掩护之法。

〔译文〕

事情到了十全十美的地步,怨恨我的人也难以指摘;走到了肮脏至极的境地,喜爱我的人也无法袒护。

衣垢不湔①,器缺不补,对人犹有惭色;行垢不湔,德缺不补,对天岂无愧心。

〔注释〕

①湔(jiān):洗。

〔译文〕

衣服脏了不洗,器物残缺了不修补,这样面对他人,脸上尚且觉得惭愧;行为有污点不改正,德行有缺点不补正,这样面对上天,心里怎么会不惭愧。

供人欣赏,侪风月于烟花①,是曰亵天;逗我机锋,借《诗》《书》以戏谑,是名侮圣。

〔注释〕

①侪(chái):等同。风月:清风明月,这里指诗文。烟花:指狎妓之事。

〔译文〕

为了让人乐于赏玩,把低俗的事混入诗文之中,这是亵渎上天;为了显示自己才思敏捷,借用《诗》《书》中的话开玩笑,这是侮辱圣贤。

罪莫大于亵天;恶莫大于无耻;过莫大于多言。

〔译文〕

罪,没有比亵渎上天更大的;恶,没有比无耻更大的;过错,没有比多嘴更大的了。

言语之恶,莫大于造诬;行事之恶,莫大于苛刻;心术之恶,莫大于深险。

〔译文〕

言语的罪恶,没有比造谣诬陷更大的了;做事的罪恶,没有比苛刻更大的了;心术的罪恶,没有比阴险更大的了。

谈人之善,泽于膏沐①;暴人之恶,痛于戈矛。

〔注释〕

①膏沐:用于洗发、润发的油脂。

〔译文〕

谈论别人的优长,就好比用膏沐润泽人;揭露他人的过失,比用戈矛刺人更痛。

当厄之施,甘为时雨;伤心之语,毒于阴冰。

〔译文〕

当人处于困厄时给以帮助,就像及时雨那么甘美;伤人心的话语,比阴地里的寒冰更恶毒。

阴岩积雨之险奇①,可以想为文境,不可设为心境;华林映日之绮丽,可以假为文情,不可依为世情。

〔注释〕

①阴岩:阴面的山岩。

〔译文〕

阴冷的山岩,积满雨水,这样危险压抑的景象可以想象为文章中的场景,但不可以有这样的心情;茂密的树林,映照在日光之中,这样绮丽的美景可以假设为文章中的场景,但不可以当成世俗常态。

巢父洗耳以鸣高①,予以为耳其窦也②,其言已入于心矣,当剖心而浣之;陈仲出哇以示洁③,予以为哇其滓也,其味已入于肠矣,当刲肠而涤之④。

〔注释〕

①巢父洗耳:巢父为古代隐士,因为听到污浊的话,就到水边洗耳朵。
②窦:孔,洞。
③陈仲出哇:陈仲为战国时人,他吃了母亲做的肉,后来知道那是鹅肉,便跑到外面呕吐了出来。哇,呕吐。
④刲(kuī):割。

〔译文〕

巢父用洗耳来表示清高,我认为耳朵只是一个孔,那些话已经进入心里了,应该剖出心来洗涤它;陈仲出去呕吐来表示自己的高洁,我认为只能吐出一些残渣,味道已经进入肠子了,应该割了肠子来洗涤它。

诋缁黄之背本宗①,或衿带坏圣贤名教②;詈青紫之忘故友③,乃衡茅伤骨肉天伦④。

〔注释〕

①缁(zī)黄:指僧侣和道士。缁,黑色,也指黑色僧服,代指佛教僧侣。黄,代指道士,因道士的帽子为黄色。
②衿(jīn)带:险要之地。
③詈(lì):责备。青紫:指高官。古时给丞相太尉授紫色绶带,给御史大夫授青色绶带。
④衡茅:以横木为门,以茅草为屋,指房屋简陋,为隐者隐居之地。

〔译文〕

一边诋毁僧侣道士背叛了自己的宗族,一边自己离家涉险破坏了圣贤的礼教;一边责备高官显贵忘记了老朋友,一边自己躲进茅草屋伤害了骨肉亲情。

炎凉之态①,富贵甚于贫贱;嫉妒之心,骨肉甚于外人。

〔注释〕

①炎凉:指人情冷暖。

〔译文〕

人情冷暖,有钱有势的人比贫苦低贱的人遇到的更多;嫉妒的心,亲人之间比外人之间更重。

兄弟争财,父遗不尽不止;妻妾争宠,夫命不死不休。

〔译文〕

兄弟争夺财产,父亲的遗产不瓜分完就不会停止;妻妾争夺宠爱,丈夫不死就不会停止。

受连城而代死①,贪者不为,然死利者何须连城?携倾国以告殂②,淫者不敢,然死色者何须倾国?

〔注释〕

①连城:指价值连城的物品。
②倾国:有倾国之貌的美人。告殂(cú):死。

〔译文〕

为了接受价值连城的物品而要代人去死,贪利的人也不会做,那么,为利益而死的人何必要追逐那么多利益呢?携手倾国之貌的美人而要赴死,贪色的人也不敢,那么,为了美色而死的人何必要追逐倾国美色呢?

病危乌获①,虽童子制梃可挞②;臭腐王嫱③,惟狐狸钻穴相窥。

〔注释〕

①乌获:一位古代的大力士。
②梃(tǐng):棍棒。
③王嫱:汉代人王昭君。

〔译文〕

病危时的大力士乌获,即使是小孩子拿着棍棒也可以打;尸体腐臭了的美人王昭君,只有狐狸会钻入墓穴窥看。

圣人悲时悯俗;贤人痛世疾俗;众人混世逐俗;小人败常乱俗。

〔译文〕

圣人同情怜悯世间的万事万物;贤人痛恨、憎恶世俗的黑暗;普通人随波逐流,苟活于世;小人扰乱、败坏日常的生活习俗。

读书为身上之用,而人以为纸上之用;做官乃造福之地,而人以为享福之地;壮年正勤学之日,而人以为养安之日;科第本消退之根①,而人以为长进之根。

〔注释〕

①科第:在科举考试中中选。

〔译文〕

　　读书是为了在身上实践,但人们以为是为了在纸上写诗作文;官场是给人带来幸福的地方,但人们以为是自己享福的地方;壮年正是勤奋学习的时候,但人们以为是休养安身的时候;科举及第是学问退步的发端,但人们以为是学问进步的发端。

盛者,衰之始;福者,祸之基。

〔译文〕

　　兴盛是衰落的开始;福气是灾祸的开始。

福莫大于无祸;祸莫大于邀福①。

〔注释〕

　　①邀:邀请,谋求。

〔译文〕

　　没有比没有灾祸更大的福气了;没有比刻意谋求福气更大的灾祸了。